DENNY IMBROISI

80 MEDITERRANE KLASSIKER, DIE DU GEKOCHT HABEN MUSST

Die beliebtesten Rezepte aus dem Mittelmeerraum – von Spanien über Italien bis Israel

riva

VORWORT

Ich freue mich sehr, an Dennys neuem Buch mitwirken zu können, und ich fühle mich geehrt, das Vorwort schreiben zu dürfen.

Erstens, weil Denny zu unserem Team gehörte und immer noch ein Mitglied der »Mirazur«-Familie ist. Zwischen ihm und mir besteht dieses brüderliche Band, das Menschen, die einmal zusammengearbeitet haben, für immer verbindet.

Zweitens, weil mir dieses Buch über das kulinarische Erbe des Mittelmeerraumes aus der Seele spricht, denn diese Region vermag es, uns mit ihrer Schönheit, ihrer Natur und ihrem kulturellen Reichtum immer wieder zu überraschen.

Lass dich von diesem Buch zu einer kulinarischen Reise durch die Farben und Geschmäcker des Mittelmeerraumes einladen. Entdecke traditionelle Rezepte, die mit Talent, Kreativität und einem frischen Blick neu interpretiert werden und so das über Generationen weitergegebene Wissen mit einer weltoffenen Herangehensweise in Einklang bringen.

Essen hat seit jeher etwas mit Gemeinschaft und Teilen zu tun. Mich begeistert an diesem Buch, dass es uns zusammenbringt wie an einem großen Tisch unter der Sonne des Mittelmeerraumes und ein Gefühl von Grenzen gar nicht erst aufkommen lässt.

Mit freundschaftlichen Grüßen

–

Mauro Colagreco

DENNY IMBROISI

Mit nur 34 Jahren hat Denny Imbroisi bereits eine steile und vielfältige Karriere hinter sich. Nach seiner Ausbildung in Italien ging er nach Frankreich, um dort die Kochtechniken und typischen Geschmäcker kennenzulernen. Er begann in Menton an der Seite von Mauro Colagreco im Restaurant »Mirazur«, das damals zwei Sterne hatte, im Rahmen von *The World's 50 Best Restaurants* den ersten Platz belegt hat und sich heute mit drei Michelin-Sternen schmücken darf.

Dort entwickelte Denny seine Leidenschaft für Zitrusfrüchte und ganz allgemein für die Aromen des Mittelmeerraumes. Um weiter zu lernen, wechselte er in die Küche von William Ledeuil, dem Küchenchef des Restaurants »Ze Kitchen Galerie« in Paris, das mit einem Michelin-Stern ausgezeichnet ist. Dort, in der Rue des Grands Augustins, entdeckte er asiatische Gewürze und Saucen. Dieser interessante Einfluss gab dem jungen Italiener in Paris neue Impulse. Bald darauf begann er eine Zusammenarbeit mit dem talentierten Küchenchef Alain Ducasse, dem damaligen Chef der Gastronomie des Eiffelturms, um seine Laufbahn mit einer weiteren französischen Note abzurunden.

Einige Monate nach diesem Abenteuer eröffnete Denny sein erstes eigenes Restaurant, das er nach seiner geliebten älteren Schwester »IDA« nannte. In der Küche setzte er auf heimische Produkte und kulinarische Techniken, die er von seinen Mentoren gelernt hatte. Das Restaurant war ein Erfolg, sodass Denny bald neue Pläne schmiedete. Er eröffnete das Restaurant »EPOCA«, eine moderne Trattoria, in der Besucher mit großartigen italienischen Klassikern verwöhnt werden. Eine echte Offenbarung ist aber das »Malro« im Herzen des Haut-Marais, in dem sich Denny und seine Partner Micaël und Franck ganz den Aromen ihrer Heimatländer widmen. Ob Italien oder der Maghreb, die gebotenen Gerichte sind köstlich, reichhaltig und farbenfroh und begeistern all jene, die mediterrane Klassiker und traditionelle Hausmannskost lieben.

Als Denny beschloss, nach seinen Kochbüchern zur italienischen Küche und Pasta ein drittes Buch zur schreiben, lag das Thema auf der Hand: die Küche des Mittelmeerraumes. Zusammen mit seinem bewährten Team – Webedia Books für das Lektorat, Rina Nurra für die Fotos und Anaïs Delon für Texte und Koordination – stürzte er sich mit Begeisterung in dieses neue Abenteuer. Trotz der belastenden Einschränkungen der Jahre 2020 und 2021 ist es ihm gelungen, mit sehr viel positiver Energie den Geschmack der Mittelmeerküche in Worte zu fassen.

Der junge Unternehmer und Koch überzeugt seine Leser durch seine genussvollen Ideen und seine Leidenschaft. Neuerdings zeichnet er verantwortlich für die Speisekarte eines neuen Hotels der Accor-Gruppe in Paris und ein kleines Restaurant in Collioure in Südfrankreich. In den kommenden Monaten und Jahren wird er sicherlich für weitere Überraschungen gut sein.

A presto!

EINLEITUNG

DAS MITTELMEER, UNSER ALLER MUTTER

Wir sind viele, wir Kinder des Mittelmeers. Ich gehöre dazu, und ich wollte schon lange ein Buch über die Küche dieser Region schreiben, die mir so sehr am Herzen liegt. Ich weiß gar nicht, wo ich anfangen soll, wenn ich von meiner Liebe zu dieser kulinarischen Tradition erzählen will. Natürlich ist mir die Küche meiner italienischen Heimat besonders nahe, aber im Grunde kann ich mich für alles begeistern, was rund um das Mittelmeer gekocht wird.

Alles begann in meiner Kindheit. Ich hatte das Glück, in zwei ganz unterschiedlichen Regionen Italiens aufzuwachsen. Geboren wurde ich in Paola, einer kleinen kalabrischen Stadt unweit der Amalfiküste. Kalabrien ist im Vergleich zu seinen Nachbarregionen – zu Neapel und seiner Umgebung, zu Rom oder Venetien – noch relativ unbekannt. Es ist ein wildes und unberührtes Gebiet mit überwältigenden Landschaften im Landesinneren ebenso wie an der Küste und auf den Inseln. Meine Freundin und Fotografin Rina und ich haben diese Region bereist und eindrucksvolle Fotos für dieses Buch mitgebracht, die dich hoffentlich in Urlaubsstimmung versetzen werden.

Später verschlug es meine Familie und mich nach Norden in die Lombardei, in die Nähe des Gardasees. Dort entdeckte ich ganz andere Landschaften: natürlich die Ufer des Sees, aber auch die etwas ländlicheren und landwirtschaftlich geprägten Bereiche im Norden. Mein Vater stellt dort Limoncello und eine wunderbare Tomatensauce her, für die er jedes Jahr die besten Tomaten der Gegend kauft.

Nach meinem Studium wollte ich erst einmal reisen, und selbstverständlich war auch da der Mittelmeerraum meine Spielwiese. Nach einigen Aufenthalten in Spanien, insbesondere in Barcelona, ließ ich mich in Menton bei meinem Mentor und Freund Mauro Colagreco nieder. Im Süden Frankreichs erlag ich der Schönheit der Côte d'Azur – schon der Name ist einfach wunderbar ...

In den letzten Jahren habe ich weitere Reisen unternommen – nach Israel mit Yoni Saada, nach Griechenland mit P.-J. und Greg Chantzios sowie nach Portugal und Marokko. Sie haben in mir den Wunsch geweckt, mein Wissen über die mediterrane Küche weiter zu vertiefen. Diese Küche ist reich an sonnenverwöhnten Zutaten, aber sie ist auch geprägt von einem außergewöhnlichen Familiensinn, von Gefühlen, dem Miteinander und Teilen. So ist auch in mir das Bedürfnis entstanden, mit euch die Rezepte in diesem Buch zu teilen. Ich behaupte nicht, dass ich sie besser zubereiten kann als andere Köche aus den vielen Kulturen des Mittelmeerraumes. Ich möchte dir lediglich meine persönliche Version von Gerichten präsentieren, die mich verzaubert haben. Und ich hoffe, dass sie dir gefallen werden.

LA MAMMA, UNSER GEMEINSAMER NENNER

Jeder weiß, dass la Mamma in der italienischen Küche die Hauptrolle spielt. Sie herrscht im Haus und am Herd, sie lenkt die Familie. Sie ist die Stütze unseres Lebens.

Nachdem ich den gesamten Mittelmeerraum bereist hatte, wurde mir schnell klar, dass la Mamma all diese Völker miteinander verbindet. Es gibt keine Kultur im Mittelmeerraum, die die Mutter nicht ehrt. Alle Rezepte werden in der Familie weitergegeben, oft von der Mutter an ihre Töchter, dann an deren Töchter usw. Glücklicherweise auch manchmal an die Männer. Meine Mamma Silvana hat mir viel beigebracht, und einige der Rezepte in diesem Buch sind tatsächlich von ihr, Ehrenwort. Egal, ob eine Familie aus Tunesien, dem Libanon, Spanien oder Portugal kommt, sicher gibt es in jeder Rezepte, die von der Mutter oder Großmutter stammen und weitergegeben werden, damit sie auch von den Kindern und Enkeln zubereitet werden können. Diese Überlieferung in der Familie ist etwas, das – neben der Leidenschaft und Liebe zum guten Essen – die mediterrane Küche ausmacht.

Ich erinnere mich gut, wie meine Mutter mir in der Küche Geschichten erzählte, mir ihre kleinen Geheimnisse verriet und mich liebevoll aufforderte, ihr bei dieser oder jener Arbeit zu helfen. Wahrscheinlich hast du Ähnliches erlebt. Wir alle haben solche Erinnerungen, die uns leiten und uns die Möglichkeit geben, anderen durch das, was wir zubereiten, unsere Liebe zu zeigen.

Ich möchte sogar noch weiter gehen. Bei genauem Nachforschen werden viele Menschen unter ihren Vorfahren jemanden mit mediterranen Wurzeln finden. Von den Menschen, die im Maghreb geboren wurden und dann nach Frankreich kamen, haben beispielsweise viele spanische oder italienische Vorfahren. Diese Wiege der Kulturen ist groß, und sie ist zeit- und generationenübergreifend. Dadurch entsteht eine sehr starke Verbindung. Egal, wo man sich auf der Welt befindet, man kann immer in Kontakt kommen, indem man über ein Rezept, eine Zutat, die Erinnerung an einen Geschmack oder einen Geruch spricht. Das Aroma von brutzelndem Tintenfisch, von heißen Zuckerkrapfen, von stundenlang köchelnden Tagines, von frisch gepressten Orangen oder frisch gebrühtem Kaffee – das sind Dinge, die uns zusammenbringen.

JEDER WEISS, DASS LA MAMMA IN DER ITALIENISCHEN KÜCHE DIE HAUPTROLLE SPIELT. SIE HERRSCHT IM HAUS UND AM HERD, SIE LENKT DIE FAMILIE. SIE IST DIE STÜTZE UNSERES LEBENS.

EIN REZEPT, VIELE VARIATIONEN

NEBEN DEM GESCHMACK IST DAS ZWEITE GEHEIMNIS DER KÜCHE IN MEDITERRANEN FAMILIEN DIE LIEBE, MIT DER GERICHTE ZUBEREITET WERDEN UND DIE SIE EINZIGARTIG MACHT.

Du wirst auf den folgenden Seiten feststellen, dass es sich bei den vorgestellten Rezepten nicht um »Unikate« handelt, vielmehr sind sie variabel. Sie können dem Geschmack der Familie oder auch der Jahreszeit angepasst werden. Vielleicht hat deine Großmutter ja den Couscous nicht so zubereitet wie du, deine Schwester macht die Pan Bagnats anders oder du verwendest nicht dieselben Zutatenmengen für die Pissaladière wie ich. Trotzdem schmecken alle Varianten der Rezepte ausgezeichnet.

Neben dem Geschmack ist das zweite Geheimnis der Küche in mediterranen Familien die Liebe, mit der Gerichte zubereitet werden und die sie einzigartig macht.

In den sonnigen Mittelmeerländern besitzt man die Fähigkeit, sich an die Gegebenheiten anzupassen. Und wenn ein Gericht Landesgrenzen überschreitet, dann wird es von den jeweiligen Gepflogenheiten vor Ort beeinflusst und verändert. Eine Pastilla in Marokko unterscheidet sich von einer Pastilla in Tunesien, ebenso wie eine algerische Tajine anders schmeckt als eine tunesische. Es gibt so viele Rezeptvarianten, wie es Regionen und Familien gibt – ein schöner Gedanke! Wann immer ich auf Reisen bin oder mich mit Freunden aus anderen Ländern unterhalte, tauschen wir unsere Geheimnisse und Lieblingszutaten aus. Auf diese Weise habe ich Köstlichkeiten wie Zaatar oder gebratenen Blumenkohl entdeckt.

DIE REGION DES GLÜCKS

Ich möchte noch ein bisschen bei Italien verweilen, denn das ist meine Heimat, für die mein Herz in erster Linie schlägt. Vom Stiefel, der sich ins Mittelmeer reckt, kommt eine der besten Küchen der Welt. Wer daran zweifelt, sollte sich vor Augen führen, wie viele italienische Restaurants in den letzten Jahren enorme Erfolge verbuchen konnten. Aber im Ernst: In Italien, aber auch im übrigen Mittelmeerraum, ist die Küche reichhaltig, gut und sie beglückt die Seele.

Auf meinen Reisen konnte ich beobachten, dass in anderen Kulturen, beispielsweise in Asien oder Lateinamerika, ein ähnlicher Sinn für das Miteinander herrscht. Wir alle könnten uns an einen Tisch setzen und ein gigantisches Festmahl zubereiten, für das die Speisen traditionell von verschiedenen Familien gekocht werden. Was für ein schöner Traum! Für die Verwirklichung dieses Traums setzt sich seit Jahren ein großer Koch ein: Yotam Ottolenghi. Er ist in seiner israelischen Kultur verwurzelt und gibt die Rezepte seiner Vorfahren und die besten Geheimnisse der levantinischen Region weiter. Ich bewundere ihn sehr.

DIE KÜCHE IST REICHHALTIG, GUT UND SIE BEGLÜCKT DIE SEELE.

DIE VIELFALT DES MITTELMEERRAUMS

Dieses Buch soll kein Lehrbuch für Geografie oder Naturkunde sein, aber ich möchte doch einige Informationen weitergeben, die ich auf meinen zahlreichen Reisen gesammelt habe. Im gesamten Mittelmeerraum gibt es vermutlich mehr als 7000 verschiedene Arten von Lebewesen, mehr als 5800 unterschiedliche Tierarten, über 1500 Weinberge und fast 600 verschiedene Olivensorten. Bei so vielen Zahlen kann einem schwindelig werden. Ich gebe in aller Bescheidenheit zu, dass ich die genauen Zahlen nicht nachgeprüft habe, aber ich denke schon, dass sie etwas über den unglaublichen Reichtum dieser Region aussagen. Und dabei spreche ich noch nicht einmal von den Gewürzen, dem Käse, den Getreidearten, den Gemüse- und Obstgärten, deren Zahl zunimmt.

Angeblich leben 20 Prozent aller Meeresbewohner in diesem kleinen Meer, das nur 1 Prozent der weltweiten Meeresfläche ausmacht. Natürlich schweifen meine Gedanken in diesem Zusammenhang ab, und ich möchte mich ausdrücklich für den Schutz der lebenden Arten im Meer oder an Land aussprechen, damit auch unsere Kinder eines Tages die Chance haben, dieses herrliche Gebiet zu entdecken.

Die enorme biologische Vielfalt, die einflussreiche Geschichte, die Vielseitigkeit, das einzigartige kulturelle Erbe und das angenehme Klima machen den Mittelmeerraum für mich zum schönsten Bereich der Welt. Diese 46000 Kilometer Küstenlinie entlang des Mittelmeers erzählen eine farbenprächtige Geschichte von Landwirtschaft, von Männern und Frauen und von Entdeckungen.

Es vergeht kein Jahr, in dem ich nicht von Paris nach Paola reise, keine Woche, in der ich nicht an die Farben meines Landes denke, in der ich nicht ein Gewürz aus diesem Land esse, kein Tag, an dem ich nicht an meine Mamma Silvana denke, keine Sekunde, in der sich mein Herz von meinen Wurzeln entfernt.

DIE ENORME BIOLOGISCHE VIELFALT, DIE EINFLUSSREICHE GESCHICHTE, DIE VIELSEITIGKEIT, DAS EINZIGARTIGE KULTURELLE ERBE UND DAS ANGENEHME KLIMA MACHEN DEN MITTELMEERRAUM FÜR MICH ZUM SCHÖNSTEN BEREICH DER WELT.

Ich hoffe aufrichtig, dass du am Lesen und Zubereiten der Gerichte aus diesem Buch ebenso viel Freude finden wirst wie ich beim Sammeln der Rezepte.

Baci, Denny

STREET-FOOD

SCHWIERIGKEITSGRAD	HERKUNFT	FÜR	VORBEREITUNG	GARZEIT	RUHEZEIT
🍋	ITALIEN NEAPEL	6 PERSONEN	20 MIN.	24 MIN.	2 STD.

PIZZA FRITTA

In Neapel wird die Pizza fritta auch mit *guanciale* zubereitet. Dieses Fleisch aus der Schweinebacke gibt ihr den typischen Geschmack.

FÜR DEN TEIG

1 Würfel frische Hefe

250 ml lauwarmes Wasser

1 TL Zucker

450 g Mehl (Type 550 oder 00) plus mehr für die Arbeitsfläche

1 TL Salz

etwas Öl

ZUM BELEGEN

250 g Tomatensauce (siehe S. 239)

2 Kugeln Mozzarella (ca. 250 g)

6 Blätter Basilikum

ZUM FRITTIEREN

1 l Sonnenblumenöl

ZUBEREITUNG DES TEIGS – Die Hefe in eine Schüssel bröseln und mit dem Wasser und dem Zucker verrühren, bis sie sich aufgelöst hat. Den Knethaken in die Küchenmaschine einsetzen. Das Mehl und die Hefemischung in die Rührschüssel geben und 1 Minute durchmischen. Das Salz zufügen und 5 Minuten auf mittlerer Stufe kneten, bis der Teig zusammenhält und sich vom Schüsselboden löst. Den Teig in eine eingeölte Schüssel legen, mit einem Geschirrtuch abdecken und ca. 1½ Stunden bei 30–35 °C ruhen lassen, bis sich sein Volumen verdoppelt hat. Den aufgegangenen Teig in 6 gleich große Portionen teilen. Jede Portion auf der bemehlten Arbeitsfläche ausrollen, mit einem Geschirrtuch abdecken und nochmals 30 Minuten ruhen lassen.

BELEGEN – Die Teigkugeln flach drücken (in der Mitte etwas dünner als am Rand). Jede Pizza in der Mitte mit frischer Tomatensauce bestreichen und mit Mozzarellascheiben und 1 Basilikumblatt belegen. Den Teig zu einem Halbkreis zusammenfalten und die Ränder gut zusammendrücken.

GAREN – Das Öl in einer Fritteuse oder einem hohen Topf auf 170 °C erhitzen. Die Pizzen nacheinander in dem heißen Öl von jeder Seite 2 Minuten frittieren. Mit einem Schaumlöffel herausnehmen und auf Küchenpapier abtropfen lassen. Heiß servieren.

TIPP

Verwende möglichst ein Küchenthermometer, um sicherzugehen, dass das Frittieröl die benötigte Temperatur von 170 °C aufweist.

SCHWIERIGKEITS-GRAD	HERKUNFT	FÜR	VORBEREITUNG	GARZEIT	RUHEZEIT
	ITALIEN EMIGLIA ROMANA	6 PERSONEN	15 MIN.	24 MIN.	1 STD.

PIADINA ROMAGNOLA

500 g Mehl (Type 00 oder 550) plus mehr für die Arbeitsfläche

15 g Salz

125 g Strutto (italienisches Schmalz)

1 TL Natron

170 ml Wasser, Zimmertemperatur

BELAG

100 g italienischer Frischkäse (z. B. Squacquerone oder Crescenza)

50 g Rucola, gewaschen

6 Scheiben roher Schinken (San Daniele oder Parma)

Mehl, Salz, Schmalz und Natron in eine Schüssel geben und vermischen. Das Wasser in 3 Portionen zufügen und jeweils mit dem Handmixer einarbeiten, bis ein glatter Teig entsteht. Den Teig auf die Arbeitsplatte geben und zu einer glatten Kugel formen. Mit einem Geschirrtuch abdecken und 30 Minuten ruhen lassen.

Den Teig zur Rolle formen und in 6 Scheiben schneiden. Jede Scheibe zu einer Kugel formen, mit einem feuchten Geschirrtuch abdecken und nochmals 30 Minuten ruhen lassen.

Die Arbeitsfläche mit Mehl bestreuen. Die Teigkugeln darauf zu Kreisen von 2–3 mm Dicke ausrollen.

Eine Pfanne auf niedriger Stufe erhitzen. Die Teigfladen darin ohne Fett von jeder Seite 2 Minuten braten, bis sie leicht gebräunt sind. Zwischendurch bei Bedarf mehrmals wenden.

Die Fladen aufeinanderstapeln, damit sie nicht so schnell abkühlen. Noch warm mit Frischkäse, Rucola und Schinken füllen.

TIPP

Damit die Fladen schön gleichmäßig werden, einen Teller mit Ø 22 cm als Schablone für den Teig verwenden.
Die ungefüllten Piadinas können in einer luftdicht verschließbaren Box 2 Tage im Kühlschrank aufbewahrt werden. Alternativ abkühlen lassen und einfrieren.

SCHWIERIGKEITSGRAD	HERKUNFT	FÜR	VORBEREITUNG	GARZEIT	RUHEZEIT
2	ITALIEN	6 PERSONEN	20 MIN.	30 MIN.	24 STD. + 40 MIN.

PIZZA PORTAFOGLIO

FÜR DEN TEIG

3 g frische Hefe

325 g lauwarmes Wasser

½ TL Zucker

500 g Mehl (Type 00 oder 550) plus mehr für die Arbeitsfläche

10 g Salz

feiner Grieß

BELAG (PRO PIZZA)

200 g Mozzarella

200 g Tomatensauce

einige Blätter Basilikum

Achtung, der Teig muss am Vortag zubereitet werden.

DEN TEIG ZUBEREITEN – Am Vortag die Hefe in einer kleinen Schüssel in dem lauwarmen Wasser auflösen. Den Zucker zugeben und rühren, bis er aufgelöst ist. Den Knethaken in die Küchenmaschine einsetzen. Das Mehl und die Hefemischung in die Rührschüssel geben. 1 Minute verrühren, dann das Salz zufügen und 5 Minuten auf mittlerer Stufe kneten. Den Teig auf eine bemehlte Arbeitsfläche geben und zu einer großen, glatten (aber nicht zu festen) Kugel formen. In eine Schüssel legen, mit Frischhaltefolie abdecken und 40 Minuten ruhen lassen.

Den Teig in 6 Portionen von je ca. 150 g teilen. Diese auf einer bemehlten Arbeitsfläche zu Kugeln rollen und mindestens 24 Stunden im Kühlschrank ruhen lassen (für eine schnellere Variante 3 Stunden bei Zimmertemperatur).

BELEGEN UND BACKEN – Am nächsten Tag den Backofen auf höchster Stufe vorheizen (ca. 300 °C Ober-/Unterhitze). Den Mozzarella mit Küchenpapier gut abtrocknen, in Würfel schneiden und zur Seite stellen. Die Arbeitsfläche mit feinem Grieß bestreuen und jede Teigportion mit den Handflächen zu einem Kreis drücken und ziehen. Die Kreise sollten gleich groß sein. Die Pizzen großzügig mit Tomatensauce bestreichen, dann am besten auf einem Pizzastein (ersatzweise auf einem umgedrehten Backblech) in den Ofen schieben. 3 Minuten backen, mit Mozzarella belegen und weitere 1–2 Minuten backen. Aus dem Ofen nehmen und 1 Minute abkühlen lassen.

Jede Pizza zweimal falten, mit einigen Basilikumblättern garnieren und heiß servieren.

TIPP

Du kannst die Pizzen auch nach Belieben mit Mortadella, Pistazienkernen, rohem Schinken, Rucola oder anderen Zutaten belegen.

SCHWIERIGKEITSGRAD	HERKUNFT	FÜR	VORBEREITUNG	GARZEIT	RUHEZEIT
	ISRAEL	6 PERSONEN	15 MIN.	5 MIN.	1 NACHT + 30 MIN.

FALAFEL

450 g getr. Kichererbsen

1 Zwiebel

3 Knoblauchzehen

2–3 EL gehackte glatte Petersilie

2–3 EL gehackter frischer Koriander

2 TL gem. Kreuzkümmel

½ TL gem. Koriander

½ TL Backpulver

1 l Pflanzenöl zum Frittieren

Am Vortag die Kichererbsen in eine Schüssel geben und mit zimmerwarmem Wasser bedecken. Über Nacht einweichen lassen.

Am nächsten Tag Zwiebel und Knoblauch abziehen und hacken. Mit Petersilie und Koriander in den Mixer geben, dann die abgetropften Kichererbsen, Kreuzkümmel, gemahlenen Koriander und Backpulver zufügen. Die Zutaten grob vermengen, die Masse darf nicht zu fest werden.

Mit den Händen aus der Masse Kugeln von Ø 3–4 cm formen und möglichst 30 Minuten bei Zimmertemperatur ruhen lassen, damit sich der Geschmack entfalten kann.

Das Öl in einer Fritteuse oder einem hohen Topf erhitzen. Die Falafel darin frittieren, bis sie goldbraun sind. Mit einem Schaumlöffel aus dem Öl heben und auf Küchenpapier abtropfen lassen. Heiß mit Pitabrot und Tahini servieren.

TIPP

Du kannst die Falafel auch in zwei Durchgängen frittieren: zuerst 2 Minuten bei 140 °C, dann 45 Sekunden bei 190 °C. Wenn du wenig Zeit hast, verwende gegarte Kichererbsen aus der Dose.

LABNEH

Vielleicht sagt dir der Begriff nichts, aber ich bin von Labneh absolut begeistert. Und ich verrate dir auch den Grund.

Wahrscheinlich wurde Labneh schon zu Beginn des ersten Jahrtausends in den Bergen Syriens hergestellt und konsumiert. Es ist eine Art Frischkäse aus fermentierter Ziegenrohmilch, der in der levantinischen Küche, insbesondere im Libanon, häufig verwendet wird. Die Milch wird mit grobem Salz mindestens 7 Tage lang in Steingutgefäßen fermentiert. Zur Fermentation kommt es, weil das Wasser verdunstet und die Milchbestandteile konzentrierter werden. Seit einigen Jahren ist auch Labneh aus Kuhmilch im Handel erhältlich.

Der industriell hergestellte Käse (der bei uns am leichtesten zu bekommen ist) kann frisch verzehrt werden, da er im Kühlschrank mehrere Tage haltbar ist. Es handelt sich dabei um eine sehr weiche Käsemasse, die man gut streichen kann. Traditionell wird Labneh zum Frühstück mit Fladenbrot und Olivenöl gegessen. Er kann auch mit Salz oder Gewürzen abgeschmeckt und als Aperitif auf der Mezze-Platte mit Hummus serviert werden (siehe Rezept S. 51).

Ein von Hand hergestellter Labneh ist hierzulande eher schwer zu bekommen, daher empfehle ich, ihn selbst zu machen, um dem typischen Geschmack aus der Levante möglichst nahe zu kommen. Und so geht es: Möglichst unbehandelten Ziegen- oder Schafsjoghurt mit etwas Kuhjoghurt derselben Qualität verrühren. Die Mischung leicht salzen, auf Käseleinen geben und im Kühlschrank 24–36 Stunden über einer Schüssel abtropfen lassen. Dadurch wird der Joghurt trockener und bekommt einen kräftigeren Geschmack. Serviere deine Zubereitung mit Zaatar-Brot (siehe Rezept S. 53).

WUSSTEST DU DAS?

ES GIBT VERSCHIEDENE SCHREIBWEISEN FÜR DIESE ZUBEREITUNG: LABNÉ ODER LABNEH.

SCHWIERIGKEITSGRAD	HERKUNFT	FÜR	VORBEREITUNG	GARZEIT	RUHEZEIT
●●	TÜRKEI	6 PERSONEN	30 MIN.	1 STD.	24 STD.

KEBAB

FÜR DAS MARINIERTE FLEISCH

400 g Hähnchenbrust

400 g Putenkeule

400 g Lammschulter

1 TL Salz

1 TL edelsüßes Paprikapulver

½ TL gem. Koriander

½ TL gem. Kreuzkümmel

1 Prise getr. Thymian

1 TL getr. Oregano

3 EL Olivenöl

ZUM SERVIEREN

2 Tomaten

1 rote Zwiebel

200 g Rotkohl

3 Romanasalatherzen

Olivenöl

1 Knoblauchzehe

400 g Ziegenjoghurt

2 Prisen Sumach

Salz

6 Pitabrote
(siehe S. 235)

ZUBEHÖR

Metallspieß, 30 cm lang

Dieses Rezept stammt ursprünglich aus der Türkei, hat sich aber mit großem Erfolg verbreitet und wird in ganz Europa als Streetfood verkauft.

Achtung: Mit der Zubereitung dieses Gerichts muss am Vortag begonnen werden.

DAS FLEISCH MARINIEREN – Am Vortag das gesamte Fleisch in dünne Scheiben schneiden und mit Salz, Gewürzen, Kräutern und Olivenöl in eine Schüssel geben, vermischen und 24 Stunden marinieren.

DAS FLEISCH GAREN – Am nächsten Tag den Backofen auf 160 °C Ober-/Unterhitze vorheizen. Die drei Fleischsorten abwechselnd auf den Spieß stecken. Den Spieß in einen Bräter legen und in den Backofen schieben. 45–50 Minuten garen, dabei alle 5–7 Minuten drehen und mit dem ausgetretenen Saft begießen. Warm halten.

VORBEREITUNG ZUM SERVIEREN – Die Tomaten waschen und achteln. Die Zwiebeln abziehen und in feine Ringe schneiden, den Kohl waschen und in dünne Streifen schneiden. Die Salatköpfe waschen, der Länge nach halbieren und in einer Pfanne mit etwas Öl 6 Minuten braten. Das Gemüse in einer Schüssel mischen und nach Geschmack würzen. Den Knoblauch abziehen, fein hacken und in einer Schüssel mit Joghurt, Sumach, etwas Öl und etwas Salz verrühren.

Kurz vor dem Servieren die Pitabrote im Backofen bei 160 °C 30 Sekunden erwärmen. Aufschneiden und mit Joghurtsauce, Gemüse und vom Spieß abgeschnittenem Fleisch füllen. Mit dem Fleischsaft aus dem Bräter beträufeln.

SCHWIERIGKEITSGRAD	HERKUNFT	FÜR	VORBEREITUNG	GARZEIT	RUHEZEIT
2	SPANIEN	4 PERSONEN	30 MIN.	15–20 MIN.	1 STD.

KÄSE-SCHINKEN-KROKETTEN

20 g Butter

20 g Mehl (Type 00 oder 550)

150 g Milch

70 g Manchego, gerieben

50 g gekochter Schinken, fein gewürfelt

2 Eier

50 g Paniermehl

1 l Öl zum Frittieren

Die Butter bei mittlerer Hitze in einem Topf zerlassen. Das Mehl zugeben und unter Rühren hell anschwitzen. Die Milch zufügen und rühren, damit sich keine Klümpchen bilden. Zum Kochen bringen, dann bei schwacher Hitze 10 Minuten köcheln lassen, bis die Sauce eindickt. Topf vom Herd nehmen. Geriebenen Käse und Schinkenwürfel untermischen.

Ein Ei trennen und nur das Eigelb unter die Masse rühren. Die Masse mit Frischhaltefolie abdecken und 1 Stunde ruhen lassen. Das Eiweiß und das zweite Ei in einer Schüssel mit dem Schneebesen verquirlen und in einen tiefen Teller geben. Das Paniermehl in einen zweiten Teller geben.

Das Öl in einem hohen Topf oder einer Fritteuse erhitzen. Aus der Masse kleine Kroketten formen und diese erst in verquirltem Ei und dann in Paniermehl wälzen. Die Kroketten im heißen Öl goldbraun frittieren. Heiß zu einem frischen Salat oder als Fingerfood zum Aperitif servieren.

TIPP

Besonders gleichmäßig werden die Kroketten, wenn du den Teig einfrierst und vor dem Frittieren in Form schneidest. Damit sie bis ins Innere durchgewärmt werden, die Kroketten kurz frittieren, dann 10 Minuten ruhen lassen und nochmals 15 Minuten frittieren.

SCHWIERIGKEITS-GRAD	HERKUNFT	FÜR	VORBEREITUNG	GARZEIT
(1 Zitrone)	FRANKREICH	6 PERSONEN	15 MIN.	11 MIN.

PAN BAGNAT MIT SUMACH

6 runde Brötchen

2 große Fleischtomaten (am besten Ochsenherz)

20 ml natives Olivenöl extra plus mehr zum Beträufeln

1 EL Sumach

1 Fenchel

90 g Rucola

6 g Salz

3 Eier

300 g Thunfisch (am besten vom Bauch), alternativ aus der Dose

60 g Taggiasca-Oliven, ohne Steine

einige Blätter Basilikum

10 g Balsamico bianco

Die Brötchen quer durchschneiden oder bereits aufgeschnittene Brötchen kaufen.

Die Tomaten waschen und in Scheiben schneiden. 1 Scheibe mit Olivenöl und Sumach in eine Schüssel geben und mit einer Gabel zerdrücken. Die Unterteile der Brötchen mit der Masse bestreichen.

Fenchel und Rucola waschen. Den Fenchel in dünne Scheiben hobeln.

Reichlich Wasser mit dem Salz in einem Topf zum Kochen bringen. Die Eier darin in 11 Minuten hart kochen. Mit kaltem Wasser abschrecken, pellen und in Scheiben schneiden.

Den Thunfisch auf die Brötchenunterteile legen und die restlichen Zutaten darauf verteilen: Eierscheiben, Tomatenscheiben, Oliven, Fenchel und Rucola. Mit Basilikumblättern garnieren und großzügig mit Olivenöl sowie einigen Tropfen Balsamico bianco beträufeln. Die Oberteile auf die Brötchen setzen und servieren.

SCHWIERIGKEITSGRAD ●● | HERKUNFT **ITALIEN** LATIUM | FÜR **6** PERSONEN | VORBEREITUNG **1** STD. | GARZEIT **30** MIN.

SUPPLI AL TELEFONO

Der Name dieses Rezepts spielt auf die zähe Konsistenz des Mozzarellas nach dem Backen an. Wenn man die Suppli halbiert, entsteht ein Mozzarellastrang, der wie ein Telefonhörer aussieht.

1 Zwiebel + einige Zwiebelringe für die Sauce

25 g Butter

½ Glas trockener Weißwein (ca. 60 ml)

300 g Risotto-Reis (Carnaroli, Roma)

200 ml Gemüsebrühe (siehe S. 238)

400 g Passata

200 ml natives Olivenöl extra

50 g Grana Padano, gerieben

3 Eier

250 g Büffelmozzarella

Salz

30 g Weizenmehl (Type 550)

50 g Paniermehl

Sonnenblumenöl zum Frittieren

DEN TEIG ZUBEREITEN – Die Zwiebel abziehen und sehr fein hacken. Mit der Butter in einen Topf geben und in 1–2 Minuten goldbraun braten. Mit Weißwein ablöschen, dann den Reis zugeben und 1 Minuten garen. Nach und nach die Brühe zufügen, unterrühren und einkochen lassen. Fortfahren, bis der Reis fast gar ist. Gleichzeitig in einem anderen Topf die Passata mit dem Olivenöl und einigen Zwiebelringen 10 Minuten köcheln lassen. Einige Minuten bevor der Reis gar ist, die Tomatensauce zufügen und gut umrühren. Topf vom Herd nehmen und 20 g Grana Padano unterrühren. Mischung abkühlen lassen, dann 1 verquirltes Ei und den restlichen Käse unterrühren.

DIE SUPPLI FORMEN – Den Mozzarella in 2 cm lange Stücke schneiden. Etwas Teig nehmen und in der Hand um 1 Stück Mozzarella herum zu einer länglichen Krokette formen. Gut zusammendrücken, dann zur Seite legen. Vorgang wiederholen, bis der Mozzarella aufgebraucht ist. 2 Eier in einem tiefen Teller mit der Gabel verquirlen und salzen. Mehl und Paniermehl in 2 weitere tiefe Teller geben. Die Suppli zuerst im Mehl, dann im Ei und zuletzt im Paniermehl wälzen. Das Sonnenblumenöl in einem hohen Topf oder einer Fritteuse erhitzen und die Suppli darin portionsweise goldbraun frittieren. Auf Küchenpapier abtropfen lassen, salzen und heiß servieren.

TIPP

Feuchte die Hände vor dem Formen der Suppli mit kaltem Wasser an. Die Suppli dürfen nicht zu dick sein.

LUCIA DE ANGELO

GAMBERETTI DI PARANZA
5E
STELLE DI MARE
6 EURO KILO

SCHWIERIGKEITSGRAD	HERKUNFT	FÜR	VORBEREITUNG	GARZEIT
2 Zitronen	ITALIEN KAMPANIEN – CETARA	6 PERSONEN	20 MIN.	5 MIN.

FRITTIERTE CALAMARI AUS DER TÜTE

15 ganze Calamari, küchenfertig ausgenommen

100 g Mehl (Type 00 oder 550)

150 g feiner Grieß

Salz

Pfeffer

1 l Sonnenblumenöl zum Frittieren

1 Zitrone, in 6 Schnitze geteilt

Die Arme der Calamari in 1 cm dicke Scheiben schneiden, die Mäntel vierteln. Mit Küchenpapier gut abtupfen.

In einem tiefen Teller Mehl, Grieß, 1 Prise Salz und etwas Pfeffer mischen. Die Calamaristücke in der Mischung wälzen. Sie sollen gleichmäßig damit bedeckt sein. Auf einen Teller legen, damit die überschüssige Panade abfallen kann.

Das Öl in einer Pfanne mit hohem Rand auf 180 °C erhitzen. Die Calamaristücke ins heiße Öl legen und goldbraun frittieren, zwischendurch wenden. Aus dem Öl nehmen und auf Küchenpapier abtropfen lassen.

Aus Butterbrotpapier oder Packpapier Tüten drehen. Die frittierten Calamari in die Tüten füllen und jeweils mit 1 Zitronenschnitz garnieren. Heiß servieren.

TIPP

Die Temperatur des Öls ist beim Frittieren sehr wichtig. Um sie zu prüfen, 1 Prise der Panade ins heiße Öl streuen. Wenn sie zu brutzeln beginnt, ist die Temperatur richtig.

Wer sich glutenfrei ernährt, kann das Weizenmehl durch Reismehl oder Maismehl ersetzen. Beide bekommt man in gut sortierten Lebensmittelgeschäften.

SCHWIERIGKEITSGRAD	HERKUNFT	FÜR	VORBEREITUNG	GARZEIT	RUHEZEIT
2	PORTUGAL	12–15 BÄLLCHEN	45 MIN.	45 MIN.	24 STD.

STOCKFISCHBÄLLCHEN

Diese portugiesische Spezialität darf man sich nicht entgehen lassen. Es ist eine eher einfache Zubereitung für Stockfisch, und die Bällchen schmecken gut zum Aperitif.

- **500 g Stockfischfilet, nicht gewässert**
- **500 g Kartoffeln**
- **2 Zwiebeln**
- **1 Bund Petersilie**
- **1 TL gem. Muskatnuss**
- **Salz**
- **Pfeffer**
- **5 Eier**
- **Öl zum Frittieren**
- **Abrieb von 1 Bio-Limette**

Achtung: Mit der Zubereitung des Gerichts muss am Vortag begonnen werden.

Am Vortag den Stockfisch in eine Schüssel mit Wasser legen. Ins untere Fach des Kühlschranks stellen. Das Wasser 3–4 Mal wechseln.

Am nächsten Tag den Fisch in einen Topf mit frischem kalten Wasser legen. Bis an den Siedepunkt erhitzen, dann den Herd abschalten und den Fisch 20 Minuten ziehen lassen. Fisch aus dem Wasser nehmen, abkühlen lassen, dann Haut und Gräten entfernen. Die Fischfilets hacken und zur Seite stellen.

Die Kartoffeln in einem Topf mit Salzwasser oder im Dampf 25 Minuten garen. Inzwischen die Zwiebeln abziehen und fein würfeln. Die Petersilie waschen und hacken. Die gegarten Kartoffeln pellen, in eine große Schüssel geben und mit dem Gemüsestampfer zerdrücken. Den Fisch zufügen und gut untermischen. Zwiebel, Petersilie und Muskatnuss zufügen, Masse nach Geschmack salzen und pfeffern. Die Eier zufügen und alles zu einer glatten Masse verarbeiten.

Aus der Masse mit 2 Esslöffeln Bällchen formen. Öl in einer hohen Pfanne oder Fritteuse erhitzen und die Bällchen darin goldbraun frittieren. Auf Küchenpapier abtropfen lassen. Mit Limettenschale bestreuen und lauwarm mit einer Knoblauchmayonnaise servieren.

TIPP

Das Fladenbrot und das Fleisch sollten heiß serviert werden, nur Salat und Sauce sind kalt. Dazu schmeckt ein Glas gekühlter Ouzo.

SCHWIERIGKEITSGRAD	HERKUNFT	FÜR	VORBEREITUNG	GARZEIT	RUHEZEIT
2	GRIECHENLAND	6 PERSONEN	1 STD.	10 MIN.	1 STD.

PITABROT MIT GYROS

6 Pitabrote (siehe S. 235)
1 Tomate
½ weiße Zwiebel
12 Salatblätter
½ Gurke
10 Blätter Minze
1 Knoblauchzehe
400 g griechischer Joghurt
Olivenöl
Salz
Pfeffer
Mehl für die Arbeitsfläche

FÜR DIE FLEISCHBÄLLCHEN

2 Scheiben Weißbrot mit weicher Rinde
1 Zwiebel
1 Schalotte
1 kg Rinderhackfleisch
1 Ei
1 TL edelsüßes Paprikapulver
½ TL gem. Koriander
½ TL gem. Kreuzkümmel
1 Prise getr. Thymian
1 TL getr. Oregano
2 Zweige Rosmarin
1 TL Salz
Pfeffer aus der Mühle
5 EL Olivenöl

Dieses relativ preiswerte Rezept mit Hackfleischbällchen hat seinen Ursprung in Griechenland, wird aber auch in der Türkei gegessen.

Den Pitabrotteig gemäß Rezept auf Seite 235 zubereiten, dann 1 Stunde ruhen lassen.

Die Tomate waschen und in dünne Scheiben schneiden. Die Zwiebel abziehen und in feine Streifen schneiden. Den Salat waschen und ebenfalls in feine Streifen schneiden. Gurke und Minze waschen. Die Gurke in kleine Würfel und die Minze in Streifen schneiden. Den Knoblauch schälen und hacken. Gurke, Minze und Knoblauch in einer Schüssel mit dem Joghurt vermischen und mit Olivenöl, Salz und Pfeffer würzen. Zur Seite stellen.

Für die Fleischbällchen das Brot in einer Schüssel mit Wasser einweichen, dann abtropfen lassen. Zwiebel und Schalotte abziehen und würfeln. Das Brot in einer Schüssel mit Hackfleisch, Ei, Zwiebel, Schalotte, Gewürzen, Kräutern, Salz und Pfeffer vermischen. Aus der Masse 12 kleine Bällchen formen. Etwas Olivenöl in einer Pfanne erhitzen und die Bällchen darin in 3 Minuten rundherum braun braten. Zur Seite stellen und warm halten.

Auf einer bemehlten Arbeitsfläche aus dem Brotteig 6 Kugeln formen und jede zu einem Kreis von Ø 22 cm ausrollen. Eine antihaftbeschichtete Pfanne ohne Fett auf mittlerer Stufe erhitzen. Die Teigfladen nacheinander in der Pfanne abgedeckt von jeder Seite 2 Minuten garen, bis sie eine schöne Farbe haben. Jedes Fladenbrot auf ein Blatt Backpapier legen und mit der Joghurtsauce bestreichen. Die Tomaten, den Salat und die Zwiebeln darauf verteilen, dann die heißen Fleischbällchen hinzufügen. Jedes Fladenbrot mit dem Backpapier zu einem Kegel aufrollen und genießen.

SCHWIERIGKEITS-GRAD	HERKUNFT	FÜR	VORBEREITUNG	GARZEIT
🍋🍋🍋	PORTUGAL REGION	18 PASTETEN	20 MIN.	20 MIN.

PASTÉIS DE NATA

Diese portugiesischen Pastetchen mit viel Eigelb gehören zu den bekanntesten Klassikern der mediterranen Küche, aber leider verraten Bäcker ihre Rezepte nur äußerst selten. Dies ist meine Version: getestet und für gut befunden.

5 g Butter

400 g Blätterteig (siehe S. 234)

Mehl für die Arbeitsfläche

FÜR DIE CREMEFÜLLUNG

300 g Zucker

100 ml Wasser

2 Eier

6 Eigelbe

2 EL Mehl

500 ml Milch

ZUM SERVIEREN

2 TL gem. Zimt

2 TL Puderzucker

DEN TEIG ZUBEREITEN – Den Backofen auf 250 °C Ober-/Unterhitze vorheizen. 18 Förmchen (z. B. für Muffins) mit Butter einfetten und zur Seite stellen.

Den Blätterteig zubereiten (siehe S. 234) und auf einer bemehlten Arbeitsfläche dünn ausrollen. Eine Seite der Teigplatte mit etwas Wasser einpinseln. Aus dem Teig 18 Kreise zuschneiden, die Boden und Wände der Förmchen bedecken. Die Teigkreise in die Förmchen legen, die angefeuchtete Seite zeigt nach außen. Den Teig mit den Fingerspitzen gut in die Formen hineindrücken.

DIE FÜLLUNG ZUBEREITEN – Zucker und Wasser in einen Topf geben und unter Rühren einköcheln lassen, bis ein Sirup entsteht. Topf vom Herd nehmen.

Eier und Eigelbe in einer hitzebeständigen Rührschüssel mit dem Schneebesen verquirlen. Mehl und Milch in einer weiteren Schüssel verrühren, sodass keine Klümpchen entstehen. Dann zu den verquirlten Eiern geben. Mit einem Spatel vermischen. Den Zuckersirup dazugeben und die Mischung 10 Minuten unter ständigem Rühren über einem heißen Wasserbad erhitzen, bis sie cremig ist.

Die Schüssel vom Wasserbad nehmen und Creme gleichmäßig in die Förmchen füllen.

BACKEN UND GARNIEREN – Die Förmchen auf ein Backblech stellen und 25 Minuten im Ofen backen, bis die Oberfläche goldbraun ist. Aus dem Ofen nehmen, abkühlen lassen und aus den Formen stürzen. Die Pastéis warm oder kalt servieren. Nach Geschmack noch mit Zimt und/oder Puderzucker bestreuen.

VORSPEISEN UND SCHNELLE GERICHTE

SCHWIERIGKEITSGRAD	HERKUNFT	FÜR	VORBEREITUNG
	ISRAEL PALÄSTINA, LIBANON	6 PERSONEN	10 MIN.

HUMMUS

Eine gesellige Mahlzeit ohne dieses einfache, köstliche Mus aus Kichererbsen ist kaum denkbar. Hier präsentiere ich das Rezept, das ich in meinem Restaurant »Chez Malro«* serviere. Das milde Kichererbsenpüree ist in allen Ländern des Nahen Ostens verbreitet und wird im gesamten Mittelmeerraum gern zu anderen Speisen gereicht.

500 g gegarte Kichererbsen

6 EL Tahini

Saft von 1 Zitrone

3 Knoblauchzehen

1 EL gem. Kreuzkümmel

5 g Salz

Olivenöl

Sesamöl

Paprikapulver

Die Kichererbsen in ein Sieb abgießen. 50 g Kichererbsen zur Seite stellen, die restlichen in einem Mixer cremig pürieren. Tahini, Zitronensaft, geschälten Knoblauch, Kreuzkümmel und Salz zufügen und nochmals gründlich mixen. So viel Olivenöl einarbeiten, bis die Masse eine cremige Konsistenz bekommt.

Pro Person 2 EL Hummus auf einen Teller geben und eine Vertiefung in die Mitte drücken. Mit Olivenöl und Sesamöl beträufeln. Einige ganze Kichererbsen daraufgeben und alles mit Paprikapulver bestreuen. Dazu schmeckt warmes Zaatar-Brot (siehe Rezept auf der nächsten Seite).

TIPP

Du kannst den Hummus auch mit gebackenen Kichererbsen garnieren: dazu Kichererbsen auf einem Backblech verteilen, mit Olivenöl, Paprikapulver und Kreuzkümmel mischen und 30 Minuten bei 180 °C Ober-/Unterhitze im Ofen backen, bis sie knusprig sind.

*Restaurant in der Rue Froissart 7 im 3. Arrondissement von Paris.

SCHWIERIGKEITSGRAD	HERKUNFT	FÜR	VORBEREITUNG	GARZEIT	RUHEZEIT
	ISRAEL	6 PERSONEN	15 MIN.	7–8 MIN.	2 STD.

ZAATAR-BROT

350 g Mehl (Type 550) plus mehr für die Arbeitsfläche

50 g feiner Weizengrieß

120 g Milch

1 TL Salz

8 g frische Hefe

120 ml Wasser

3 EL Olivenöl

2 EL Zaatar

1 TL Knoblauchpulver

etwas heller Sesam

Mehl, Grieß, Milch und Salz in der Schüssel einer Küchenmaschine mit dem Knethaken vermischen. In einer kleinen Schüssel die Hefe mit dem Wasser verrühren. Den Hefeansatz bei langsam laufendem Motor zum Mehl gießen, dann alles auf mittlerer Stufe gut verkneten. Den Teig abgedeckt 2 Stunden bei Raumtemperatur und in der Nähe einer Wärmequelle ruhen lassen.

Den Backofen auf 230 °C Ober-/Unterhitze vorheizen.

Den Teig in 6 gleiche Stücke teilen und diese auf der bemehlten Arbeitsfläche zu Kreisen von Ø 16–18 cm ausrollen. Ein Backblech mit Backpapier auslegen und die Teigkreise daraufgeben.

In einer kleinen Schüssel das Olivenöl mit Zaatar und Knoblauchpulver verrühren. Die Teigkreise großzügig mit der Mischung bestreichen, dann 7–8 Minuten im Ofen backen.

Aus dem Ofen nehmen, mit Sesam bestreuen und mit Hummus servieren (siehe Rezept auf der vorherigen Seite).

TIPP

Zaatar habe ich durch meinen Freund Micaël Memmi kennengelernt, der die Gewürzmischung von einer Reise nach Tunesien mitgebracht hat.

ZAATAR

Hinter diesem exotischen Namen verbirgt sich eine Gewürzmischung, die mir besonders gut gefällt. Kennengelernt habe ich sie vor einigen Jahren durch meinen Freund und Kollegen Micaël Memmi, der aus Tunesien stammt. Zaatar wird aus getrockneten Kräutern und orientalischen Gewürzen hergestellt und passt hervorragend zu tunesischen oder libanesischen Fladenbroten, aber auch zu Frischkäse oder meiner geliebten Pizza!

Zaatar kann aus bis zu zehn Zutaten bestehen. Thymian, Bohnenkraut, Oregano, Majoran, Minze und Feldthymian gehören unbedingt dazu. Alle diese Pflanzen sind im Mittelmeerraum zu finden und werden oft unter dem Sammelbegriff »Kräuter der Provence« zusammengefasst. Aber jedes Kraut hat seinen ganz eigenen Geschmack, manches kampferartig, manches leicht scharf. Ich mag die zartbittere Note vieler dieser Kräuter.

Weitere Zutaten sind Ysop, der an seinen bläulichen Blüten zu erkennen ist, und Sumach, der im Mittelmeerraum sehr verbreitet ist und wegen des säuerlichen Geschmacks seiner Beeren oft als »Essigbaum« bezeichnet wird. Die roten Sprenkel im Zaatar rühren von seinen Beeren her. Außerdem enthält die Mischung Sesam, das in der asiatischen Küche und auf dem indischen Subkontinent sehr geschätzt wird. Ich verwende Sesam schon seit Jahren in meiner Küche, weil ich seinen warmen, nussigen Geschmack und seinen Biss liebe. Für Zaatar wird weißer Sesam grob zerkleinert, sodass etwas von seinem Fett austritt und die übrigen Aromen ergänzt.

Schließlich enthält Zaatar grünen Anis und Koriander, die für seine pfeffrigen, leicht salzigen Noten sorgen. Einfach köstlich!

In meiner Küche verwende ich Zaatar hauptsächlich für die Herstellung eines Brotes, das ich in meinem Restaurant »Malro« (Paris, 3. Arrondissement) gern zu frischem Hummus (siehe S. 51) serviere. Zaatar eignet sich aber auch für Focaccia oder Pizzateig, und man kann es auf gebratenes Gemüse streuen. Probiere es einfach aus!

SCHWIERIGKEITSGRAD	HERKUNFT	FÜR	VORBEREITUNG	GARZEIT
●●●	FRANKREICH PROVENCE	6 PERSONEN	20 MIN.	5 MIN.

FRITTIERTE ZUCCHINIBLÜTEN

12 Zucchiniblüten

600 g Ricotta

100 g Grana Padano, klein geschnitten

12 Blätter Basilikum

1 EL Olivenöl

Salz

Pfeffer

1 Ei

1 l Sonnenblumenöl zum Frittieren

FÜR DEN TEIG

75 g Reismehl

1 Glas kaltes Mineralwasser mit Kohlensäure

FÜR DIE MAYONNAISE

2 Eigelbe

1 EL milder Senf

200 g Sonnenblumenöl

3 TL edelsüßes Paprikapulver

Salz

Pfeffer

DIE GEFÜLLTEN BLÜTEN VORBEREITEN – Die Blüten säubern und den Griffel entfernen.

Ricotta, Grana Padano, Basilikumblätter, Olivenöl, Salz und Pfeffer in einen Mixer geben. Das Ei hinzufügen und alles zu einer glatten Masse verarbeiten. Die Masse in einen Spritzbeutel füllen. Die Zucchiniblüten vorsichtig öffnen und zu zwei Dritteln mit der Masse füllen. Die Blüten vorsichtig wieder schließen.

DEN TEIG VORBEREITEN – Reismehl und Mineralwasser in einer Schüssel zu einem flüssigen Teig verrühren. 3 Eiswürfel hinzugeben, damit der Teig fester wird und an den Zucchiniblüten haftet.

DIE ZUCCHINIBLÜTEN FRITTIEREN – Das Öl in einem hohen Topf auf 180 °C erhitzen. Die Zucchiniblüten in den Teig eintauchen, dann 1½ Minuten im heißen Öl frittieren. Auf Küchenpapier abtropfen lassen und mit Salz würzen.

DIE MAYONNAISE ZUBEREITEN – Eigelbe und Senf in einer Schüssel mit dem Schneebesen gut verrühren, dann unter ständigem Rühren das Sonnenblumenöl in dünnem Strahl zugießen. Mit Paprikapulver, Salz und Pfeffer würzen.

Die Zucchiniblüten warm mit der Mayonnaise servieren.

TIPP

Meinem Vater Francesco verdanke ich den Tipp, ein Ei in die Füllung zu mischen, damit sie besser zusammenhält.

SCHWIERIGKEITSGRAD | HERKUNFT ZYPERN | FÜR 6 PERSONEN | VORBEREITUNG 10 MIN. | GARZEIT 5–8 MIN.

GEBRATENER HALLOUMI

Dieser Käse stammt aus Zypern und wird normalerweise aus Ziegen- und/oder Schafsmilch hergestellt. Er wird meist gegrillt oder gebraten und als Vorspeise serviert. Ich würze ihn am liebsten mit frischen Kräutern.

600 g Halloumi
2 EL Traubenkernöl
Olivenöl
2 TL getr. Oregano
1 TL getr. Minze
1 Zweig Rosmarin

Den Halloumi in 1 cm breite und 6–8 cm lange Stäbchen schneiden.

Das Traubenkernöl auf mittlerer Stufe in einer beschichteten Pfanne erhitzen und die Käsestäbchen darin in 5–8 Minuten goldbraun braten.

Auf einem Teller anrichten. Mit Olivenöl beträufeln, mit getrockneten Kräutern bestreuen und mit Rosmarin garnieren.

TIPP Während meiner ersten Reise nach Tel Aviv habe ich dort mit meinem Freund Yoni Saada diesen zypriotischen Käse entdeckt, der in Israel sehr beliebt ist. Ich erinnere mich gut an den Markt in Jaffa, wo wir den gebratenen Käse gegessen haben.

SCHWIERIGKEITS-GRAD	HERKUNFT	FÜR	VORBEREITUNG
	GRIECHENLAND	6 PERSONEN	10 MIN.

TSATSIKI

1 Salatgurke

15 Blätter Minze

2 Knoblauchzehen

500 g griechischer Joghurt

1 Schuss Olivenöl

Salz

Pfeffer

Dieses einfache Gericht ist eine der bekanntesten griechischen Vorspeisen. Es passt ausgezeichnet zu Pitabrot mit Gyros (siehe S. 43) oder zu frischen Blinis.

Gurke und Minze waschen. Die Gurke fein raspeln, die Minze in dünne Streifen schneiden. Den Knoblauch abziehen und fein hacken.

Die vorbereiteten Zutaten in einer Schüssel mit dem Joghurt verrühren, 1 guten Schuss Olivenöl zufügen und mit Salz und Pfeffer würzen.

PALLARÈS
SOLSONA

SCHWIERIGKEITSGRAD	HERKUNFT	FÜR	VORBEREITUNG	GARZEIT
	FRANKREICH PROVENCE	6–8 PERSONEN	30 MIN.	20–25 MIN.

ANCHOVIS-TARTE

MIT TOMATEN, MANDELN UND SCHWARZEN OLIVEN

FÜR DEN MÜRBETEIG

300 g Mehl plus mehr für die Arbeitsfläche

½ TL Salz

150 g weiche Butter

80 ml Wasser

etwas Fett für die Form

1 Handvoll Backerbsen

ZUM BELEGEN

50 g schwarze Oliven, ohne Stein

50 g getr. Tomaten

30 g ganze Mandeln

1 Fleischtomate (am besten Ochsenherz)

2 Eier

2 Eigelbe

2 EL Mascarpone

50 g Tomatenmark

250 ml Milch

Salz

Pfeffer

1 EL Olivenöl

6 Anchovisfilets in Öl

DEN TEIG ZUBEREITEN – Den Backofen auf 190 °C Ober-/Unterhitze vorheizen.

Das Mehl in einer Schüssel mit dem Salz mischen. Die weiche Butter zugeben, das Wasser langsam zugießen und alles mit dem Handmixer zu einem glatten Teig verarbeiten. Zu einer Kugel formen, dann auf einer leicht bemehlten Arbeitsfläche zu einem Kreis von Ø 25–28 cm ausrollen. Den Teig in eine eingefettete Tarteform legen, mit Backpapier bedecken, mit Backerbsen beschweren und 10 Minuten im Ofen vorbacken. Aus dem Ofen nehmen und das Backpapier mit den Backerbsen abnehmen. Die Backofentemperatur auf 180 °C herunterschalten.

BELEGEN UND GAREN – Oliven, getrocknete Tomaten und Mandeln fein hacken. Die Tomate waschen und in Scheiben schneiden.

Eier, Eigelbe, Mascarpone, Tomatenmark und Milch in einer Schüssel verrühren. Mit Salz und Pfeffer würzen. Das Olivenöl zugeben. Oliven, getrocknete Tomaten und Mandeln unterheben. Die Mischung auf dem vorgebackenen Teig verteilen und 8–10 Minuten im Ofen backen. Tarte aus dem Ofen nehmen. Die Anchovisfilets und die Tomatenscheiben auf der Oberfläche verteilen und die Tarte nochmals 3–4 Minuten bei 160 °C backen. Lauwarm servieren.

TIPP

Das Vorbacken des Teigs ist wichtig, damit er schön knusprig wird und durch den Belag nicht zu schnell durchweicht.

SCHWIERIGKEITSGRAD	HERKUNFT	FÜR	VORBEREITUNG	GARZEIT
	FRANKREICH PROVENCE	6 PERSONEN	20 MIN.	8–10 MIN.

PANISSES

90 ml Wasser

2 TL Salz

300 g Kichererbsenmehl

10 ml Olivenöl

1 l Sonnenblumenöl zum Frittieren

Fleur de Sel

Pfeffer

Das Wasser mit dem Salz in einem Topf zum Kochen bringen. Das Kichererbsenmehl in eine Schüssel geben, mit dem heißen Salzwasser verrühren, dann das Olivenöl zufügen. Die Masse durch ein Sieb in einen Topf streichen, um Klümpchen zu entfernen. Masse auf niedriger Stufe unter ständigem Rühren erhitzen, bis sie sich vom Topfboden löst. Topf vom Herd nehmen.

Ein Backblech mit Backpapier belegen. Die Masse daraufgeben und 1 cm dick verstreichen. Abkühlen lassen, dann in Pommesform schneiden.

Das Frittieröl in einem hohen Topf auf 190 °C erhitzen und die Kichererbsenpommes darin goldgelb frittieren. Auf Küchenpapier abtropfen lassen und mit Fleur de Sel und Pfeffer würzen. Heiß servieren.

TIPP

Dazu schmeckt ein pikanter Dip aus Crème fraîche und Harissa.

SCHWIERIGKEITSGRAD	HERKUNFT	FÜR	VORBEREITUNG	GARZEIT
	PORTUGAL	6 PERSONEN	15 MIN.	2 STD.

MARINIERTE SARDINEN MIT ÖL

Saft von 3 Zitronen

100 ml Olivenöl

12 Sardinenfilets

1 Prise Fleur de Sel

Pfeffer

Wer wenig Zeit hat, lässt sich die Sardinen vom Fischhändler filetieren.

Den Zitronensaft mit 60 ml Olivenöl in einer flachen Schüssel verrühren. Die Sardinenfilets hineinlegen und 2 Stunden marinieren.

Die Sardinen abtropfen lassen, auf eine Servierplatte legen und mit dem restlichen Olivenöl beträufeln. Mit Fleur de Sel und etwas Pfeffer aus der Mühle bestreuen.

TIPP

Meine Servierempfehlung: pro Person 3 Scheiben Baguette toasten. Die Sardinen pfeffern, mit rosa Pfeffer und eingelegter Zitrone anrichten und mit dem Brot servieren.

SCHWIERIGKEITS-GRAD	HERKUNFT	FÜR	VORBEREITUNG	GARZEIT
	FRANKREICH PROVENCE	6 PERSONEN	20 MIN.	8–10 MIN.

PANISSES

90 ml Wasser

2 TL Salz

300 g Kichererbsenmehl

10 ml Olivenöl

1 l Sonnenblumenöl zum Frittieren

Fleur de Sel

Pfeffer

Das Wasser mit dem Salz in einem Topf zum Kochen bringen. Das Kichererbsenmehl in eine Schüssel geben, mit dem heißen Salzwasser verrühren, dann das Olivenöl zufügen. Die Masse durch ein Sieb in einen Topf streichen, um Klümpchen zu entfernen. Masse auf niedriger Stufe unter ständigem Rühren erhitzen, bis sie sich vom Topfboden löst. Topf vom Herd nehmen.

Ein Backblech mit Backpapier belegen. Die Masse daraufgeben und 1 cm dick verstreichen. Abkühlen lassen, dann in Pommesform schneiden.

Das Frittieröl in einem hohen Topf auf 190 °C erhitzen und die Kichererbsenpommes darin goldgelb frittieren. Auf Küchenpapier abtropfen lassen und mit Fleur de Sel und Pfeffer würzen. Heiß servieren.

TIPP

Dazu schmeckt ein pikanter Dip aus Crème fraîche und Harissa.

SCHWIERIGKEITSGRAD	HERKUNFT	FÜR	VORBEREITUNG	GARZEIT	RUHEZEIT
●●●	FRANKREICH PROVENCE	6 PERSONEN	50 MIN.	10–15 MIN.	3 STD.

BARBAJUANS

FÜR DEN TEIG

600 g Mehl (Type 00 oder 550)

150 ml Olivenöl

2 Eier

Fleur de Sel

180 g kaltes Wasser

FÜR DIE FÜLLUNG

1 weiße Zwiebel

150 g Lauch (nur der weiße Teil)

100 ml Olivenöl plus etwas mehr zum Garen

Salz

Pfeffer

375 g Mangold

375 g Blattspinat

190 g Ricotta

2 EL geriebener Grana Padano

2 Eier

¼ Bund Majoran

¼ Bund Schnittlauch

ZUM FRITTIEREN

2 ½ l Sonnenblumenöl

DEN TEIG ZUBEREITEN – Mehl, Olivenöl, Eier und etwas Fleur de Sel in einer großen Schüssel vermischen. Langsam das Wasser zugeben und alles mit der Hand zu einem glatten, geschmeidigen Teig verarbeiten. Mit Frischhaltefolie abdecken und 3 Stunden im Kühlschrank ruhen lassen.

DIE FÜLLUNG ZUBEREITEN – Die Zwiebel abziehen und den Lauch gründlich waschen. Beides fein hacken. In einem Topf mit etwas Öl bei schwacher Hitze etwa 2 Minuten glasig dünsten, aber nicht bräunen. Mit Salz und etwas Pfeffer würzen. Auf einem Küchenpapier abtropfen lassen. Mangold in Blätter zerteilen, Spinat verlesen, beides waschen und trocken schütteln. 2 Minuten in einem Topf mit kochendem Salzwasser blanchieren, sofort in ein Sieb abgießen. In einer großen Schüssel mit Eiswasser abkühlen lassen, erneut abgießen, dabei möglichst viel Flüssigkeit aus den Blättern pressen. Grob hacken. Das Gemüse mit Ricotta, Grana Padano, dem restlichen Olivenöl und den Eiern in einer Schüssel vermengen. Mit Salz und Pfeffer würzen. Majoran und Schnittlauch waschen und hacken, dann unter das Gemüse heben. Die Masse nach Belieben abschmecken.

DIE TEIGTASCHEN FÜLLEN – Den Teig mit einer Nudelmaschine oder einem Rollholz dünn ausrollen. Auf die Hälfte der Teigplatte in gleichmäßigen Abständen wachteleigroße Portionen der Füllung setzen. Den Teig rund um die Füllung mit Wasser einpinseln, dann die unbelegte Teighälfte über die Hälfte mit der Füllung klappen und um die Füllungen herum jeweils gut andrücken, ähnlich wie bei der Zubereitung von Ravioli. Um den gefüllten Teig jeweils 3½ cm große Vierecke ausschneiden, dabei müssen um die Füllung mindestens 2 mm Teig stehen bleiben. Teigtaschen auf Backpapier legen und kalt stellen.

GAREN – Das Öl in einer Fritteuse auf 160 °C erhitzen. Die Teigtaschen portionsweise im heißen Öl goldbraun frittieren, mit einem Schaumlöffel herausnehmen und auf Küchenpapier abtropfen lassen. Großzügig salzen und pfeffern, dann sofort servieren.

SCHWIERIGKEITSGRAD	HERKUNFT	FÜR	VORBEREITUNG	GARZEIT
2	SPANIEN	6 PERSONEN	1 STD.	1 STD. + 10 MIN.

GEGRILLTER TINTENFISCH

1 Stange Sellerie
1 Möhre
½ Zwiebel
1 ganzer Tintenfisch, 1½ kg, küchenfertig
2 Bio-Zitronen
3 Knoblauchzehen
½ Bund Petersilie
Saft von 1 Zitrone
Olivenöl
Fleur de Sel
Pfeffer
1 TL edelsüßes Paprikapulver
1 gelbe Tomate
1 Handvoll Oliven, ohne Stein

Sellerie, Möhre und Zwiebel schälen und in kleine Stücke schneiden. In einen großen Topf mit Wasser geben und zum Kochen bringen. Temperatur etwas reduzieren und den ganzen Tintenfisch dreimal für 30 Sekunden hineintauchen. Aus dem Wasser nehmen und zur Seite legen.

Die Hälfte des Kochwassers abgießen, die andere Hälfte sprudelnd zum Kochen bringen. Die Zitronen waschen, mit Schale in Stücke schneiden und in die kochende Brühe legen. Die Temperatur reduzieren, bis die Brühe nur noch schwach köchelt. Den Tintentisch hineinlegen und 1 Stunde garen, dabei darauf achten, dass das Wasser nicht kocht.

Für die Kräutersauce den Knoblauch abziehen und fein hacken. Die Petersilie waschen und hacken. Knoblauch und Petersilie in einer Schüssel mit Zitronensaft und etwas Olivenöl verrühren.

Den Tintenfisch aus der Brühe heben, er sollte jetzt fest sein. Die Tentakel abschneiden. Kopf und Mantel in serviergerechte Stücke schneiden. Die Tintenfischstücke mit etwas Olivenöl beträufeln und auf dem Holzkohlegrill, dem Gasgrill oder unter dem Backofengrill knusprig grillen. Salzen, pfeffern und mit Paprikapulver bestreuen. Die Tomate waschen und in dünne Scheiben schneiden. Tintenfisch mit Tomatenscheiben, Oliven und der Kräutersauce servieren.

TIPP

Du kannst auch nur die Tentakel grillen und Kopf und Mantel für einen Salat mit Stangensellerie, Croûtons und einem frischen Kräuterdressing aufbewahren.
Mama Silvanas Tipp: Leg einen Naturkorken ins Kochwasser. Dadurch wird der Tintenfisch viel zarter.

SCHWIERIGKEITSGRAD	HERKUNFT	FÜR	VORBEREITUNG	GARZEIT	RUHEZEIT
●	FRANKREICH PROVENCE	6 PERSONEN	30 MIN.	1 STD.	1 STD.

PISSALADIÈRE

Ich liebe dieses Rezept, nicht zuletzt, weil es so einfach zuzubereiten ist. Du kannst dafür einen klassischen Hefeteig, aber auch Mürbeteig oder (wie ich, immerhin bin ich Italiener) Focaccia-Teig verwenden. So oder so kommt eine köstliche Vorspeise dabei heraus!

FÜR DEN FOCACCIA-TEIG

5 g frische Hefe

50 ml lauwarmes plus 200 ml Wasser

320 g Mehl (Type 00 oder 550)

8 g Salz

40 ml Olivenöl

ZUM BELEGEN

3 weiße Zwiebeln

Olivenöl

1 Zweig Oregano, Blätter abgezupft

1 Lorbeerblatt

Fleur de Sel

Pfeffer aus der Mühle

6 eingesalzene Anchovisfilets

1 Zweig Thymian (frisch oder getrocknet), **Blätter abgezupft**

12 schwarze Nizza-Oliven, ohne Stein

DEN TEIG ZUBEREITEN – Die Hefe in einer Schüssel mit 50 ml lauwarmem Wasser auflösen. Mehl und Salz in einer Schüssel vermischen und in die Mitte eine Vertiefung drücken. Olivenöl und angerührte Hefe in die Mulde gießen und alles mit den Händen zu einem glatten Teig verkneten, dabei ca. 200 ml Wasser einarbeiten. Den Teig 5 Minuten kneten, dann mit einem feuchten Geschirrtuch abdecken und 1 Stunde an einem warmen Platz gehen lassen. bis er sein Volumen etwa verdoppelt hat.

DEN BELAG VORBEREITEN – Die Zwiebeln abziehen, halbieren und in feine Scheiben schneiden. 3 EL Olivenöl in einer Pfanne erhitzen und die Zwiebeln darin bei schwacher Hitze in 5–8 Minuten glasig dünsten, aber nicht bräunen. Oregano, Lorbeerblatt, Fleur de Sel und Pfeffer aus der Mühle zugeben. Abgedeckt 30 Minuten garen, dabei immer wieder umrühren, damit die Zwiebeln nicht braun gebraten werden.

Die Anchovisfilets unter kaltem Wasser abspülen und abtupfen. Zu den Zwiebeln geben und weich werden lassen. Die Pfanne vom Herd nehmen und das Lorbeerblatt herausnehmen.

BELEGEN UND BACKEN – Den Backofen auf 250 °C Ober-/Unterhitze vorheizen. Ein Backblech einölen, dann den Teig darauflegen und mit den Händen so dehnen, dass das Blech ganz damit bedeckt ist. Die gedünsteten Zwiebeln darauf verteilen und großzügig mit Olivenöl beträufeln. 20–25 Minuten im Ofen backen.

Kurz vor Ende der Garzeit mit Thymian und Oliven bestreuen. Die Pissaladière ist fertig, wenn die Teigränder goldbraun sind.

BERÜHMTE KLASSIKER

SCHWIERIGKEITSGRAD

HERKUNFT **ITALIEN** | FÜR **6** PERSONEN | VORBEREITUNG **10** MIN.

CARPACCIO VOM RIND

320 g Rumpsteak, vom Schlachter in hauchdünne Scheiben schneiden lassen

natives Olivenöl extra

Saft von 1 Zitrone

Salz

Pfeffer

etwas Friséesalat

etwas Rucola

Späne von Grana Padano

Kapern in Meersalz

Das Carpaccio auf 6 Serviertellern auslegen, mit Olivenöl und Zitronensaft beträufeln, mit Salz und Pfeffer bestreuen.

Die Teller mit gewaschenem Friséesalat und Rucola, Käsespänen und halbierten Kapern garnieren.

TIPP

In der Saison serviert man in Italien auch Carpaccio mit frischen Steinpilzen.

SCHWIERIGKEITSGRAD | HERKUNFT ITALIEN | FÜR 6 PERSONEN | VORBEREITUNG 20 MIN. | GARZEIT 10 MIN.

SPAGHETTI AGLIO, OLIO E PEPERONCINO

Diesen schnellen Klassiker bereiten vor allem junge Leute gern zu, wenn sie abends von der Arbeit nach Hause kommen.

2 Knoblauchzehen
½ Vogelaugenchili
Salz
600 g Spaghetti
8 EL Olivenöl
100 g Grana Padano, gehobelt

Den Knoblauch abziehen und fein hacken. Die Chili in hauchdünne Streifen schneiden.

In einem großen Topf reichlich Salzwasser zum Kochen bringen. Die Spaghetti darin 3 Minuten weniger kochen, als auf der Packung angegeben ist.

Währenddessen das Olivenöl auf mittlerer Stufe in einem großen Topf erhitzen und Knoblauch und Chili darin andünsten.

Die Spaghetti in ein Sieb abgießen, dabei ca. 2 Suppenkellen des Kochwassers auffangen. Nudeln in den Topf zu Knoblauch und Chili geben. Das aufgefangene Kochwasser zufügen und alles 3 Minuten bei schwacher Hitze köcheln lassen.

Mit Käsespänen bestreuen und heiß servieren.

TIPP

Meine Faustregel für perfekte Pasta lautet 1/10/100.
Das bedeutet: 1 l Wasser, 10 g Salz und 100 g trockene Pasta.

SCHWIERIGKEITSGRAD	HERKUNFT	FÜR	VORBEREITUNG	GARZEIT
(Symbol)	LIBANON	6 PERSONEN	15 MIN.	15 MIN.

BABA GANOUSH

4 Auberginen

2 EL Tahini

1 EL pürierter Knoblauch (aus dem Glas)

Saft von 1 Zitrone

½ Bund Petersilie

3 EL Olivenöl

2 Prisen Salz

1 EL heller Sesam

Den Backofen auf 200 °C Ober-/Unterhitze vorheizen.

Die Auberginen waschen, putzen, der Länge nach durchschneiden und mehrmals mit einer Gabel einstechen. In Alufolie wickeln und 25 Minuten im Backofen garen.

Aus dem Ofen nehmen, auswickeln, das Fruchtfleisch aus den Auberginenschalen schaben und in eine Schüssel geben. Tahini, Knoblauchpüree und Zitronensaft zufügen und nur kurz verrühren. Die Masse darf noch stückig sein.

Petersilie waschen und hacken. Mit Olivenöl, Salz und Sesam unterheben.

Auberginenmus hübsch anrichten und mit Zaatar-Brot (siehe S. 53) oder geröstetem Brot servieren.

TIPP

Du kannst die Auberginen auch im Ganzen ohne Alufolie im Backofen garen, bis ihre Haut schwärzlich wird. Dadurch bekommen sie ein leicht rauchiges Aroma.

SCHWIERIGKEITSGRAD | HERKUNFT ITALIEN | FÜR 6 PERSONEN | VORBEREITUNG 30 MIN. | GARZEIT 30 MIN.

POLPETTE

FÜR DIE FLEISCHKLÖSSE

- 1 gelbe Zwiebel
- 2 EL Kapern
- Olivenöl
- 6 Scheiben Kastenweißbrot ohne Rinde
- 200 ml Milch
- 400 g Kalbshackfleisch
- 200 g Rinderhackfleisch
- 300 g Wurstbrät
- 2 EL getr. Oregano
- 200 g Grana Padano, gerieben
- Salz, Pfeffer

FÜR DIE SAUCE UND ZUM SERVIEREN

- 1,2 kg Passata
- 3 Zweige frischer Rosmarin
- 60 g Grana Padano, gehobelt
- frische Kräuter (z. B. Thymian)
- Pinienkerne

Dieses italienische Gericht wird auch in Südfrankreich serviert. Als Kind war ich ganz verrückt danach. Meine Mutter sagte immer: »Wenn du mir bei den Klößen hilfst, darfst du welche essen. Hilfst du nicht, bekommst du keine.«

DIE FLEISCHKLÖSSE ZUBEREITEN – Die Zwiebel abziehen. Zwiebel und Kapern fein hacken, dann in einer Pfanne mit etwas Olivenöl dünsten, bis die Zwiebel glasig wird.

Die Brotscheiben in einer Schüssel mit Milch einweichen, dann herausheben und in einer Rührschüssel mit Hackfleisch und Wurstbrät, gedünsteten Zwiebeln und Kapern, Oregano, Grana Padano, Salz und Pfeffer zu einer homogenen Masse verkneten. Das geht am besten mit den Händen – eventuell Handschuhe anziehen.

Den Backofen auf 200 °C Ober-/Unterhitze vorheizen. Ein Backblech mit Backpapier belegen. Von der Fleischmasse mit den Händen Portionen von ca. 80 g abnehmen und zu Bällchen formen. Nebeneinander auf das Backblech legen und dann 10 Minuten im Ofen garen.

DIE SAUCE ZUBEREITEN – Die Passata mit dem Rosmarin in einen großen Topf geben und zum Köcheln bringen. Die vorgegarten Fleischklöße hineinlegen und weitere 10 Minuten schwach köcheln lassen.

Mit Käsespänen, frischen Kräutern und Pinienkernen garnieren und heiß servieren.

SCHWIERIGKEITSGRAD	HERKUNFT	FÜR	VORBEREITUNG	GARZEIT
●●	ITALIEN	6 PERSONEN	45 MIN.	25 MIN.

AUBERGINEN-PARMIGIANA

5 Auberginen

1 l Öl zum Frittieren

2 Kugeln Mozzarella (à 125 g)

500 g Tomatensauce (siehe S. 235)

1 Knoblauchzehe

½ Bund Oregano

300 g Grana Padano, gehobelt

einige Blätter Basilikum

Den Backofen auf 180 °C Ober-/Unterhitze vorheizen.

Die Auberginen putzen, waschen und der Länge nach in 1 cm dicke Scheiben schneiden. Das Frittieröl in einem Topf auf 180 °C erhitzen. Die Auberginenscheiben im Öl goldbraun frittieren. Aus dem Öl nehmen und auf Küchenpapier abtropfen lassen. Den Mozzarella in kleine Stücke reißen.

Die Tomatensauce in einem Topf erhitzen. Die Knoblauchzehe abziehen und in die Sauce pressen. Den Oregano waschen, die Blätter abzupfen und ebenfalls zufügen.

Etwas Tomatensauce in einer Auflaufform auf dem Boden verteilen. Mit Auberginenscheiben belegen und darauf Tomatensauce verstreichen. Mozzarellastücke und Grana-Padano-Späne darauflegen. Vorgang noch dreimal wiederholen und mit Tomatensauce und beiden Käsesorten enden.

Die Form mit Alufolie abdecken und in den vorgeheizten Backofen schieben. Nach 15 Minuten die Alufolie abnehmen, den Backofengrill einschalten und die Parmigiana 5 Minuten bräunen. Mit Basilikum garnieren und heiß servieren.

SCHWIERIGKEITS-GRAD	HERKUNFT	FÜR	VORBEREITUNG	GARZEIT
2	SPANIEN	6 PERSONEN	30 MIN.	1 STD.

MARINIERTE PAPRIKA

1 Bio-Zitrone

10 g Pfefferkörner

120 ml Olivenöl

50 g Balsamico bianco

2 Zweige getr. Thymian

Salz

6 rote Paprikaschoten

Die Zitrone waschen und halbieren. Die Pfefferkörner grob zerstoßen und in einen Topf geben. Olivenöl, Essig, Zitrone, Thymian und Salz zufügen und alles auf niedriger Stufe 5 Minuten erhitzen.

Eine große Schüssel mit kaltem Wasser und einigen Eiswürfeln vorbereiten. Die Paprikaschoten waschen und abtrocknen, dann über einer Flamme (alternativ in einer Pfanne) von außen rösten, bis die Haut schwarz wird. Sofort zum Abschrecken in das Eiswasser legen und die Paprika behutsam massieren, damit sich die Haut löst. Die Schoten in Viertel schneiden, Stiele und Kerne entfernen. Die Paprikastücke in den Topf mit der Sauce legen. Den Topf mit Alufolie fest verschließen und Schoten bei schwacher Hitze 45 Minuten köcheln lassen.

Vor dem Servieren abkühlen lassen.

TIPP

Die eingelegten Paprika schmecken hervorragend zu gegrilltem Fleisch.

SCHWIERIGKEITSGRAD	HERKUNFT	FÜR	VORBEREITUNG	GARZEIT
	TUNESIEN	6 PERSONEN	15 MIN.	5 MIN.

BRICK À L'ŒUF

12 Blätter Brick-Teig
12 Bio-Eier
Salz
Pfeffer
Öl zum Frittieren

1 Teigblatt in einen tiefen Teller legen. 1 Ei vorsichtig aufschlagen und in die Mitte gleiten lassen. Mit Salz und Pfeffer würzen. Die Teigränder anfeuchten. Den Teig mittig zusammenfalten und die Ränder gut festdrücken. Die anderen Teigblätter ebenso füllen.

Das Frittieröl in einem Topf erhitzen. Die Päckchen vorsichtig einzeln hineinlegen und 1½ Minuten frittieren. Mit einem Schaumlöffel herausheben und auf Küchenpapier abtropfen lassen. Heiß zu rohem Gemüse servieren.

TIPP

Meine Lieblings-Brick gibt es im Restaurant »Chez Bagnard«, wo mein Freund Yoni Saada am Herd steht. Einfach köstlich! Man merkt, dass er tatsächlich aus Tunesien stammt.

SCHWIERIGKEITS-GRAD | HERKUNFT ISRAEL | FÜR 6 PERSONEN | VORBEREITUNG 20 MIN. | GARZEIT 10 MIN.

FRITTIERTER BLUMENKOHL MIT KNOBLAUCHMAYONNAISE

FÜR DIE KNOBLAUCH-MAYONNAISE

5 Knoblauchzehen

300 ml Milch

2 EL milder Senf

1 Ei

200 ml Sonnenblumenöl

FÜR DEN FRITTIERTEN BLUMENKOHL

Salz

3 Köpfe Blumenkohl

4 Bio-Eier

Pfeffer

200 g Paniermehl

1 l Sonnenblumenöl zum Frittieren

DIE KNOBLAUCHMAYONNAISE ZUBEREITEN – Die Knoblauchzehen abziehen. Die Milch in einem Topf zum Kochen bringen, die Knoblauchzehen hineinlegen und 10 Minuten bei mittlerer Hitze köcheln lassen. Die Knoblauchzehen herausnehmen und im Mixer pürieren.

Senf und Ei in einer Schüssel kräftig mit dem Schneebesen verrühren, dann unter ständigem Rühren das Öl in dünnem Strahl zugießen. Sobald sich die Mayonnaise bindet, den pürierten Knoblauch untermischen. In den Kühlschrank stellen.

DEN FRITTIERTEN BLUMENKOHL ZUBEREITEN – In einem großen Topf reichlich Salzwasser zum Kochen bringen. Den Blumenkohl waschen, in Röschen zerteilen und 5 Minuten im kochenden Waser blanchieren. Mit einem Schaumlöffel herausnehmen und auf Küchenpapier abtropfen lassen.

Die Eier in einer kleinen Schüssel verquirlen. Mit Salz und Pfeffer würzen. Das Paniermehl in einen tiefen Teller füllen. Die Blumenkohlröschen erst im Ei, dann im Paniermehl wenden. Sie sollen ganz damit umhüllt sein.

Das Frittieröl in einem Topf auf 180 °C erhitzen. Die panierten Blumenkohlröschen portionsweise hineinlegen und goldbraun frittieren. Mit dem Schaumlöffel herausheben und auf Küchenpapier abtropfen lassen.

Mit der Knoblauchmayonnaise servieren.

TIPP

Ich serviere zusammen mit den Blumenkohlröschen gern frittierte Grünkohlblätter.

SCHWIERIGKEITSGRAD	HERKUNFT	FÜR	VORBEREITUNG	GARZEIT	RUHEZEIT
	ITALIEN	6 PERSONEN	30 MIN.	5 MIN.	12 STD.

PANNA COTTA

760 g Sahne (35 % Fett)

20 g plus 1 EL Zucker

1 Vanilleschote

20 kleine Erdbeeren

abgeriebene Schale von 1 Bio-Zitrone

Achtung, mit der Zubereitung dieses Gerichts muss am Vortag begonnen werden.

Am Vortag 600 g Sahne mit 20 g Zucker in einen Topf geben. Die Vanilleschote mit einem Messer aufschlitzen, das Mark herauskratzen und ebenfalls in den Topf geben. Sahne zum Kochen bringen und auf die Hälfte einköcheln lassen. Topf vom Herd nehmen und Sahne abkühlen lassen. Die restliche Sahne unterrühren und die Mischung in 6 Dessertschüsseln gießen. Mindestens 12 Stunden zum Festwerden in den Kühlschrank stellen.

Am nächsten Tag die Erdbeeren waschen. Die Hälfte der Erdbeeren vierteln, in einem Topf mit dem restlichen Zucker und der abgeriebenen Zitronenschale mischen. Erwärmen, bis der Zucker sich aufgelöst hat, anschließend im Mixer pürieren.

Die restlichen Erdbeeren in Stücke schneiden, auf den Dessertschüsseln verteilen und das Erdbeerpüree darüber träufeln.

TIPP

Wer eine säuerliche Note mag, beträufelt das Dessert noch mit etwas Balsamico-Creme.

SCHWIERIGKEITSGRAD	HERKUNFT	FÜR	VORBEREITUNG	GARZEIT
(1 Zitrone)	FRANKREICH	6 PERSONEN	15 MIN.	3–4 STD.

GRANITÉ MIT MENTON-ZITRONE

500 ml Wasser

250 g Zucker

500 g Zitronensaft

abgeriebene Schale von 1 Bio-Menton-Zitrone

abgeriebene Schale von 1 Bio-Limette

Das Wasser mit dem Zucker in einem Topf zum Kochen bringen. Topf vom Herd nehmen, Zitronensaft und die abgeriebene Zitronenschale unterrühren. Mischung durch ein sehr feines Sieb in einen Krug abseihen. Abkühlen lassen.

Die Mischung in einen gefriergeeigneten Behälter gießen und 3–4 Stunden ins Tiefkühlfach stellen. Dabei alle 30 Minuten die Mischung mit einer Gabel durchrühren, damit sie eine körnige Konsistenz bekommt.

Unmittelbar vor dem Servieren die abgeriebene Limettenschale unter das Granité rühren. Eiskalt servieren.

MENTON-

ZITRONEN

Zitrusfrüchte gehören schon deshalb zu meinen Lieblingszutaten, weil sie so typisch für den Mittelmeerraum sind. In meinen ersten Berufsjahren hatte ich das Glück, viele verschiedene Sorten kennenzulernen. Tatsächlich gibt es erstaunliche Unterschiede zwischen den verschiedenen Sorten, und eine davon möchte ich dir besonders ans Herz legen: die wunderbare Menton-Zitrone.

Die Menton-Zitrone hat ein sehr intensives Aroma, aber einen geringen Säuregehalt, sie schmeckt also mild. Diese Zitronensorte wird seit fast sechs Jahrhunderten in der Region Menton angebaut. Früher wurde sie kistenweise in alle europäischen Länder und sogar darüber hinaus – bis nach Russland und in die Vereinigten Staaten – exportiert. Heute ist sie nur noch relativ selten zu bekommen und darum umso kostbarer. Nur wenige Familien pflanzen noch Zitronenbäume dieser Sorte an, denn der Anbau ist schwierig und erfordert Geduld, außerdem sind strenge Vorschriften für Erzeuger zu beachten. Hinzu kommt, dass die Zitronenbäume in diesem Anbaugebiet an Hängen stehen, wodurch maschinelle Pflege und Ernte kaum möglich sind.

Während der Wintersaison, kurz vor der ersten Ernte, bildet die Menton-Zitrone verstärkt Zucker und ätherische Öle. Dadurch bekommt sie ihren einzigartigen Geschmack, der intensiver ist als der ihrer europäischen Verwandten. Eine weitere Besonderheit dieser Zitrone ist, dass sie Ernterekorde bricht: Sie blüht und trägt das ganze Jahr über Früchte. Manchmal kann man schon 5–8 Monate nach der Pflanzung die ersten Früchte ernten. Das ist ungewöhnlich.

In der Gastronomie wird die Menton-Zitrone hoch geschätzt. Obwohl wir auch in Italien tolle Zitronensorten haben, ziehe ich beispielsweise für mein Granité-Rezept Menton-Zitronen vor, denn sie verleihen dem erfrischenden Getränk einen angenehm milden und dennoch intensiv zitronigen Geschmack. Du findest das Rezept auf Seite 113.

WUSSTEST DU SCHON?

DIE MENTON-ZITRONE DARF SEIT 2015 EINE GESCHÜTZTE HERKUNFTSBEZEICHNUNG (IGP) FÜHREN. WIE ÜBERALL SIND AUCH IN FRANKREICH DIE ERZEUGER STOLZ AUF DIE BESONDEREN PRODUKTE IHRER REGION.

SCHWIERIGKEITS-GRAD	HERKUNFT	FÜR	VORBEREITUNG	GARZEIT	RUHEZEIT
	SPANIEN KATALONIEN	6 PERSONEN	20 MIN.	1 STD. + 10 MIN.	1 STD.

CREMA CATALANA

1 l Vollmilch

1 Zimtstange

fein gehackte Schale von 1 Bio-Zitrone

fein gehackte Schale von 1 Bio-Orange

4 Eigelbe (Bio)

1 gehäufter EL Speisestärke

120 g weißer Zucker

100 g brauner Zucker

Bitte nicht mit der Crème brûlée verwechseln! Beide sind ähnlich und schmecken ausgezeichnet, aber die Crema catalana ist noch samtiger.

Die Milch mit Zimtstange, Zitronen- und Orangenschale in einen Topf geben und etwa 10 Minuten auf mittlerer Stufe erhitzen.

Die Eigelbe mit der Speisestärke und dem weißen Zucker in eine Schüssel geben und mit dem Schneebesen schaumig schlagen. Die heiße Milch zugießen – dabei die Zimtstange entfernen – und vorsichtig unterrühren.

Die Mischung wieder in den Topf füllen und bei schwacher Hitze unter ständigem Rühren 5 Minuten köcheln lassen.

Die Mischung in 6 ofenfeste Dessertförmchen gießen, diese in eine mit Wasser gefüllte Auflaufform stellen und Creme im Backofen 45 Minuten garen. Danach aus dem Ofen nehmen und auf Zimmertemperatur abkühlen lassen.

Die abgekühlten Desserts mit dem braunen Zucker bestreuen und diesen mit einem Brenner erhitzen, bis er karamellisiert. Sofort servieren.

SCHWIERIGKEITSGRAD | HERKUNFT LIBANON | FÜR 6 PERSONEN | VORBEREITUNG 5 MIN.

CAFÉ BLANC

1 l Wasser
6 TL Orangenblütenwasser
6 TL Honig

Diese Spezialität aus dem Libanon schmeckt süßlich und ist schnell zubereitet. Da der Café blanc trotz seines Namens keinen Kaffee enthält, ist er bekömmlich, beruhigt die Nerven und regt dennoch die Verdauung nach einer Mahlzeit an – ideal als Abschluss einer Mahlzeit oder für die Pause zwischendurch.

Das Wasser in einem Topf zum Kochen bringen. In jede Tasse 1 TL Honig und 1 TL Orangenblütenwasser geben. Sofort das kochende Wasser zugießen, umrühren und heiß servieren.

SCHWIERIGKEITSGRAD | HERKUNFT GRIECHENLAND | FÜR 6 PERSONEN | VORBEREITUNG 10 MIN.

CAFÉ FRAPPÉ

6 Tassen Kaffee
(aus frisch gemahlenem Kaffee aufgebrüht)
30 g Eiswürfel, grob zerstoßen
3 TL Zucker
12 große Eiswürfel
200 ml Vollmilch

Den Kaffee in einen Mixer geben. Zerstoßenes Eis und Zucker zufügen und alles kurz schaumig mixen. In 6 Gläser füllen und je 2 Eiswürfel hinzufügen. Die kalte Milch in die Gläser verteilen und vorsichtig unterrühren.

SCHWIERIGKEITSGRAD	HERKUNFT	FÜR	VORBEREITUNG	RUHEZEIT
🍋	MAROKKO GESAMTER MAGHREB	6 PERSONEN	10 MIN.	5 MIN.

PFEFFERMINZTEE

1 l Wasser
1 großes Bund frische Minze
30 g Puderzucker

Das Wasser in einem Topf zum Kochen bringen. Die Minze waschen, die Blätter abzupfen und in eine Teekanne legen. Nach Belieben auch einige Stiele in die Kanne legen. Den Zucker hineinstreuen und alles mit dem kochenden Wasser übergießen. Tee 5 Minuten ziehen lassen und dann heiß servieren.

TIPP Wer es etwas herber mag, gibt einen Teebeutel hochwertigen grünen Tee mit der Minze in die Kanne.

SCHWIERIGKEITSGRAD	HERKUNFT	FÜR	VORBEREITUNG	RUHEZEIT
🍋	SPANIEN	6 PERSONEN	15 MIN.	24 STD.

HORCHATA DE CHUFA

250 g geschälte Erdmandeln
1–2 l Wasser
etwas brauner Zucker
Eiswürfel

Dieses Rezept braucht etwas Zeit, weil die Erdmandeln in Wasser eingeweicht werden müssen. Der Geschmack wird dich für die Wartezeit entschädigen.

Die Erdmandeln gründlich waschen, um alle Erdreste zu entfernen. Mit der doppelten Menge Wasser in eine Schüssel geben und mindestens 24 Stunden einweichen, dabei zwischendurch kräftig aneinanderreiben, um letzte Rückstände zu lösen. Nach der Einweichzeit durch ein Sieb abgießen und so oft mit Wasser spülen, bis das Wasser klar ist.

Die Erdmandeln mit 1–2 l Wasser (je nach gewünschter Konsistenz) in einen leistungsstarken Mixer geben und in mehreren Intervallen pürieren. Durch ein Seihtuch oder feines Sieb in eine Kanne abgießen, um Feststoffe zu entfernen. Nach Belieben mit etwas braunem Zucker süßen. Eiswürfel hinzufügen und gekühlt servieren.

MEDITERRANE SALATE

SCHWIERIGKEITSGRAD	HERKUNFT	FÜR	VORBEREITUNG
(1 Limette)	ITALIEN	6 PERSONEN	10 MIN.

INSALATA CAPRESE

Dies ist vielleicht der einfachste Salat der Welt, aber sicher einer der besten. Mit Zutaten in Spitzenqualität ist diese frische Vorspeise ein echter Genuss für deine Gäste. Serviere den Salat als Vorspeise oder als schnellen Snack zwischendurch oder nimm ihn zu einem Picknick mit.

2 Fleischtomaten à ca. 500 g (am besten Ochsenherz)

Salz

Pfeffer

3 EL natives Olivenöl extra

3 Kugeln Büffelmozzarella à 125 g

1 kleines Bund Basilikum, Blätter abgezupft

FÜR DAS KRÄUTERÖL

100 g natives Olivenöl extra

150 g Basilikum

1 Prise Salz

Die Tomaten waschen und in Scheiben schneiden. Salzen, pfeffern und mit Olivenöl beträufeln. Den Mozzarella in 1 cm dicke Scheiben schneiden und nach Belieben würzen. Mozzarella und Tomaten abwechselnd auf einer Platte anrichten und mit gewaschenen Basilikumblättern garnieren.

DAS KRÄUTERÖL ZUBEREITEN – Das Olivenöl in einem Topf auf 50 °C erhitzen. Das Basilikum waschen, trocken tupfen, in einen Mixer geben, mit dem erwärmten Öl übergießen und pürieren. Mit Salz abschmecken und zum Salat servieren.

TIPP

Der Mozzarella schmeckt am besten, wenn du ihn 2–3 Stunden vor dem Servieren aus dem Kühlschrank nimmst. Bewahre Tomaten nicht im Kühlschrank auf, sonst verlieren sie ihr Aroma. Das gilt übrigens für alle Obst- und Gemüsearten.

SCHWIERIGKEITS-GRAD

HERKUNFT **GRIECHENLAND**

FÜR **6** PERSONEN

VORBEREITUNG **15** MIN.

GRIECHISCHER SALAT

Meinen ersten echten griechischen Salat habe ich im Sommer 2014 bei den Brüdern Greg und Pierre-Julien Chantzios gegessen, als ich sie in ihrer Heimat Kalamata besucht habe. Unvergesslich!

2 Salatgurken

6 Tomaten, Sorten und Farben nach Wahl

1 rote Zwiebel

300 g Feta

20 Kalamata-Oliven

Salz

Pfeffer

30 ml Olivenöl

Die Gurken schälen und der Länge nach halbieren. Die Kerne mit einem Löffel herausschaben, dann die Gurkenhälften in Scheiben schneiden. Die Tomaten waschen, vierteln, dabei die Stielansätze herausschneiden. Die Zwiebel abziehen und in feine Ringe schneiden. Den Feta in 1cm große Würfel schneiden. Die Oliven entsteinen.

Alle Zutaten in einer großen Schüssel mischen oder auf einer Platte anrichten. Mit Salz und Pfeffer würzen, dann großzügig mit Olivenöl beträufeln.

TA E VERDURA

SCHWIERIGKEITS-GRAD

HERKUNFT **FRANKREICH** NIZZA | FÜR **6** PERSONEN | VORBEREITUNG **20** MIN. | GARZEIT **15** MIN.

SALADE NIÇOISE

3 rote Tomaten

1 Stange Sellerie

100 g frische Bohnenkerne

300 g grüne Bohnen

200 g Erbsen

3 Bio-Eier, hart gekocht

12 Anchovisfilets

18 Oliven, ohne Steine

10 rosa Radieschen, gewaschen, in Scheiben geschnitten

300 g Thunfisch (am besten vom Bauch), alternativ aus der Dose

Olivenöl

Saft von 1 Zitrone

Salz

Pfeffer

Über die Frage, welches das authentische Originalrezept für diesen Salat ist, streiten sich die Gelehrten. Das wissen wohl nur wenige Eingeweihte. Ich habe versucht, mich ihm so gut wie möglich anzunähern. Auf jeden Fall ist dieser frische, farbenfrohe Salat eine leichte, aber sättigende Mahlzeit.

Das Gemüse waschen. Die Tomaten vierteln, die Selleriestange in dünne Scheiben schneiden.

Die Bohnenkerne in einem Topf mit ausreichend Salzwasser 5 Minuten blanchieren. Mit den grünen Bohnen und den Erbsen ebenso verfahren. Jeweils durch ein Sieb abgießen, dann sofort in Eiswasser abschrecken, damit die Farben schön intensiv bleiben. Die Bohnenkerne häuten. Die gekochten Eier pellen und vierteln.

Alle vorbereiteten Zutaten auf einer Servierplatte anrichten. Anchovisfilets, Oliven, Radieschen und Thunfisch darauf verteilen. Mit Olivenöl und Zitronensaft beträufeln und mit etwas Salz und Pfeffer würzen.

SCHWIERIGKEITS-GRAD	HERKUNFT	FÜR	VORBEREITUNG
	FRANKREICH PROVENCE	6 PERSONEN	15 MIN.

SALADE PROVENÇALE

3 Romanasalatherzen

2 Fenchel

Olivenöl

2 Orangen

1 Kästchen Fenchelsprossen

Salz

Pfeffer

1 Handvoll Croûtons (selbst gemacht)

Salat und Fenchel putzen. Die Salatköpfe der Länge nach halbieren. Olivenöl in einer Pfanne erhitzen, die Salatköpfe mit den Schnittflächen nach unten in die Pfanne legen und hellbraun anbraten. Die Fenchelknollen in dünne Scheiben hobeln.

Die Orangen dick abschälen und die Filets auslösen, dabei den austretenden Saft auffangen.

Salatblätter, Fenchel und Orangenfilets auf einer Platte anrichten. Mit den Fenchelsprossen bestreuen. Nach Geschmack mit Salz und Pfeffer würzen. Mit Olivenöl und dem aufgefangenen Orangensaft (alternativ etwas Balsamico bianco oder Zitronensaft) beträufeln. Mit Croûtons bestreuen und servieren.

TIPP

Du kannst die Orangen auch durch Grapefruit ersetzen und statt Fenchelsprossen kleine Minzeblätter verwenden.

SCHWIERIGKEITS-GRAD	HERKUNFT	FÜR	VORBEREITUNG	GARZEIT
	TUNESIEN	6 PERSONEN	20 MIN.	15 MIN.

TABOULÉ

Was genau man unter Taboulé (oder Tabbouleh) versteht, wird im ganzen östlichen Mittelmeerraum unterschiedlich behandelt. Wird nur der Couscousgrieß so bezeichnet oder auch das fertige Gericht? Kommt wirklich Couscousgrieß dazu oder ledigich Kräuter und Gemüse? Ich präsentiere hier das Rezept meines Freundes und Mitarbeiters Micaël Memmi, das mir sehr gut schmeckt. Aber nichts für ungut, alle anderen Versionen sind natürlich auch hervorragend!

- **Salz**
- **300 g Couscous**
- **4 rote Tomaten**
- **1 rote Zwiebel**
- **1 Knoblauchzehe**
- **1 Bund frische Minze**
- **2 Bund glatte Petersilie**
- **Saft von 1 Zitrone**
- **Olivenöl**

In einem großen Topf reichlich Salzwasser zum Kochen bringen. Den Couscous in eine große Schüssel geben, mit dem kochenden Wasser übergießen, sodass er gerade damit bedeckt ist, und einen Deckel auflegen. 15 Minuten quellen lassen. Etwas abkühlen lassen, dann mit einer Gabel auflockern.

Die Tomaten waschen und in Stücke schneiden. Zwiebel und Knoblauch abziehen und fein hacken. Die Kräuter waschen und ebenfalls fein hacken. Gemüse und Kräuter unter den Couscous heben, dann Zitronensaft und Olivenöl untermischen und mit Salz abschmecken.

OLIVEN-

ÖL

WUSSTEST DU SCHON?

GRIECHENLAND IST DIE WIEGE DES OLIVENÖLS. NIRGENDS IN EUROPA WIRD SO VIEL OLIVENÖL VERBRAUCHT WIE IN GRIECHENLAND, ETWA DOPPELT SO VIEL WIE IN ITALIEN UND FRANKREICH.

Wer sich mit der Mittelmeerküche beschäftigt, kommt am Olivenöl nicht vorbei. Tatsächlich gibt es tausendundeine Olivenölsorte, eigentlich so viele, wie es Olivenhaine gibt. Ich mag sie alle, aber mein Favorit ist selbstverständlich die Qualität extra vergine, das native Olivenöl extra. Dafür werden die besten Oliven kalt und ohne jegliche Zusätze gepresst. So bekommt das Öl seine geringe Säure und sein herrliches Aroma.

Ich bin Italien aufgewachsen, wo Olivenöl fast eine Religion ist. Es steht immer auf dem Tisch und ist von der Küche und dem Leben nicht zu trennen. Jede Region hat ihre eigenen Olivensorten, und die verschiedenen Öle, die aus ihnen gepresst werden, schmecken allesamt großartig. In Frankreich schätze ich die Produkte von Cédric Casanova (La Tête dans les Olives, Paris, 11. Arrondissement). Der gebürtige Italiener liebt außergewöhnliche Produkte und ist jedes Jahr einige Monate lang unterwegs, um in seinem Heimatland und vor allem in seiner Lieblingsregion Sizilien Besonderheiten aufzuspüren. Seine Öle verwende ich in meinen Restaurants, in denen man sie auch zum Mitnehmen kaufen kann. Besonders mag ich sein sortenreines Öl namens »Piricudarra«. Es hat einen sehr feinen Geschmack – süßlich im Ansatz, aber leicht würzig im Abgang. Es gefällt mir, wenn die Geschmacksknospen nach einem zarten Anfang überrascht werden. Bei Cédric gibt es auch andere sortenreine Öle, beispielsweise »biancolilla« oder »nocellara«.

Italien ist zwar für die Qualität seiner Olivenöle bekannt, aber es gibt auch hervorragende Öle aus Spanien, Tunesien, Frankreich und natürlich Griechenland. Meine Freunde, die die Marke Kalios vertreiben, stellen jedes Jahr einige Hundert Flaschen eines Öls aus Koroneiki-Oliven her, die spät (im Januar) geerntet werden und daher sehr reif sind. Es hat sehr starke fruchtige Noten und einen ganz besonderen, an Mandeln erinnernden Geschmack. Ich liebe es!

Die folgende Übersicht von Olivensorten soll Ihnen bei der Wahl helfen:

- Arbequina, wird hauptsächlich in Spanien angebaut,
- Chemlal oder Chemlali aus dem Maghreb,
- Picholine aus Frankreich, sowohl die Früchte als auch das Öl,
- Grossane, aus dem Vallée des Baux-de-Provence, eine fleischige Olive mit tollem Geschmack,
- Hojiblanca, eine pikante Sorte aus Spanien,
- Kalamata, die bekannteste Sorte aus Griechenland, die sich auch als Tafelolive und für Tapenade gut eignet.

Dann gibt es noch Bouteillan, Sabine aus Korsika und ihre Cousine Zinzala und viele andere – insgesamt wachsen weltweit mehr als 1000 verschiedene Olivensorten.

SCHWIERIGKEITSGRAD | HERKUNFT SPANIEN | FÜR 6 PERSONEN | VORBEREITUNG 30 MIN. | GARZEIT 15 MIN.

ENSALADILLA

4 Kartoffeln

Salz

1 rote Paprikaschote

300 g Chorizo

6 Bio-Eier, hart gekocht

18 spanische Oliven (grün oder schwarz nach Belieben)

FÜR DIE MAYONNAISE

2 Eier

1 EL milder Senf

300 ml Sonnenblumenöl

Salz

Pfeffer

DIE KARTOFFELN KOCHEN – Die Kartoffeln schälen, waschen und in Würfel schneiden. In einem Topf reichlich Salzwasser zum Kochen bringen. Die Kartoffeln hineingeben und 15 Minuten garen. Durch ein Sieb abgießen und zur Seite stellen.

DIE MAYONNAISE ZUBEREITEN – Eier und Senf in einer Schüssel mit dem Schneebesen kräftig verrühren, dann unter ständigem Rühren das Sonnenblumenöl in dünnem Strahl zugießen, bis eine Mayonnaise entsteht. Mit Salz und Pfeffer abschmecken.

DEN SALAT ANRICHTEN – Die Paprika waschen, entkernen und in schmale Streifen schneiden. Die Chorizo zuerst in Scheiben, dann in feine Streifen schneiden. Die Eier pellen und vierteln.

Kartoffeln, Paprika, Chorizo, Eier und Oliven in eine Salatschüssel geben und behutsam mit der Mayonnaise mischen.

SCHWIERIGKEITSGRAD	HERKUNFT	FÜR	VORBEREITUNG	GARZEIT	RUHEZEIT
2	PORTUGAL	6 PERSONEN	1 STD.	40 MIN.	24 STD.

LISSABONER SALAT

300 g Stockfisch

400 g getr. Kichererbsen

3 Lorbeerblätter

1 Zweig Rosmarin

2 Zitronen

Olivenöl

18 hochwertige Oliven

Salz

Pfeffer

Achtung, mit der Zubereitung dieses Gerichts muss am Vortag begonnen werden.

Am Vortag den Stockfisch in eine große Schüssel mit Wasser legen und 24 Stunden ins untere Fach des Kühlschranks stellen. Zwischendurch das Wasser 3 Mal wechseln.

Die Kichererbsen in einer Schüssel mit ausreichend Wasser mindestens 12 Stunden einweichen.

Am nächsten Tag den Fisch mit neuem kalten Wasser in einen Topf geben und erhitzen, bis das Wasser gerade zu köcheln beginnt. Den Herd ausschalten und den Fisch 20 Minuten im Wasser ziehen lassen. Abgießen und abkühlen lassen, dann Haut und Gräten sorgfältig entfernen. Fisch beiseite stellen.

In einem Topf reichlich Salzwasser zum Kochen bringen. Lorbeerblätter und Rosmarin sowie die abgegossenen Kichererbsen zugeben und 10 Minuten bei mittlerer Hitze garen. Die Kräuter herausfischen und die Kichererbsen in ein Sieb abgießen.

Die Zitronen halbieren und die Schnittflächen in einer leicht eingeölten Pfanne goldbraun anbraten.

Kichererbsen, Fisch und Oliven in einer Servierschüssel mischen. Mit Olivenöl und dem Saft der gebräunten Zitronen beträufeln. Der Salat kann lauwarm oder kalt serviert werden.

SCHWIERIGKEITSGRAD	HERKUNFT	FÜR	VORBEREITUNG	GARZEIT
	ITALIEN ROM	6 PERSONEN	20 MIN.	2 MIN.

RÖMISCHER SALAT

1 Kopf Römersalat

1 Kopf Puntarelle (Spargelchicorée)

natives Olivenöl extra

1 Glas Artischockenherzen in Öl

Salz

Pfeffer

FÜR DIE ANCHOVISSAUCE

1 Dose Anchovis in Öl

3 EL Crème fraîche

200 g Grana Padano, gerieben

3 Stängel Minze

DEN SALAT ZUBEREITEN – Beide Salate waschen. Den Römersalat der Länge nach halbieren. Von der Puntarelle Strunk und äußere Blätter entfernen, die Blätter aus dem Inneren halbieren. Die Römersalat-Hälften in einer Pfanne mit etwas Olivenöl 2 Minuten bräunen.

DIE ANCHOVIS-SAUCE ZUBEREITEN – Die Anchovis mit dem Einlegeöl in eine Schüssel geben und verrühren. Crème fraîche und Grana Padano sowie die gewaschenen und gehackten Minzeblätter untermischen. Einige Minzeblätter zum Garnieren aufbewahren.

DEN SALAT ANRICHTEN – Römersalat, abgetropfte Artischockenherzen und Puntarelle auf Portionstellern anrichten. Mit Anchovissauce beträufeln und mit Minzeblättern garnieren. Nach Geschmack salzen und pfeffern.

SCHWIERIGKEITSGRAD | HERKUNFT TUNESIEN | FÜR 6 PERSONEN | VORBEREITUNG 15 MIN.

ORANGENSALAT

FÜR DAS DRESSING

- 2 Bio-Orangen
- 300 ml Wasser
- 100 g Zucker
- 1 EL Orangenblütenwasser

FÜR DEN SALAT

- einige dünne Scheiben Fenchel
- 100 ml Olivenöl
- 6 Orangen
- 6 Blutorangen
- 2 EL Zucker
- 1 TL Orangenblütenwasser
- 3 Stängel frische Minze
- 20 g Haselnusskerne

Dieser Salat eignet sich gut als Abschluss einer üppigen Mahlzeit. Das Aroma des Orangenblütenwassers bildet einen guten Gegenpol zur Säure der Früchte, und die Minze steuert eine erfrischende Note bei.

Die Fenchelscheiben in eine Schüssel geben, mit etwas Olivenöl übergießen und zur Seite stellen.

DAS DRESSING ZUBEREITEN – Die Orangen waschen, mehrmals einstechen, dann in einem Topf mit kochendem Wasser 5 Minuten blanchieren. Herausnehmen. Den Zucker zugeben, verrühren und Mischung zu einem Sirup einkochen lassen. Dann die Orangen hineinlegen und 2 Stunden köcheln lassen. Anschließend die Orangen im Mixer pürieren und Mus mit dem Orangenblütenwasser aromatisieren.

DEN SALAT ZUBEREITEN – 1 Orange zur Seite legen, die anderen dick abschälen und die Filets auslösen. Alternativ die Orangen gut schälen (auch die weiße Haut abschälen) und in dünne Scheiben schneiden. Orangenfilets oder -scheiben in eine Schüssel legen, mit dem Zucker bestreuen und 2 Stunden in den Kühlschrank stellen. Die letzte Orange auspressen. Den Saft in einem Topf bei schwacher Hitze zu einem Sirup einkochen. Das Orangenblütenwasser unterrühren.

ANRICHTEN – Die Blätter von der Minze abzupfen und waschen. Die Nüsse grob hacken. Die Orangenfilets oder -scheiben auf 6 Desserttellern anrichten und mit dem Orangenblütensirup beträufeln. Mit Minzeblättern und Fenchelscheiben belegen, mit Haselnüssen bestreuen und mit dem Dressing beträufeln. Unmittelbar vor dem Servieren etwas Olivenöl darübergeben.

TIPP

Als »30-prozentigen Sirup« bezeichnet man einen Sirup, der mit einer Menge an Zucker gekocht wurde, die 30 Prozent der Wassermenge ausmacht.

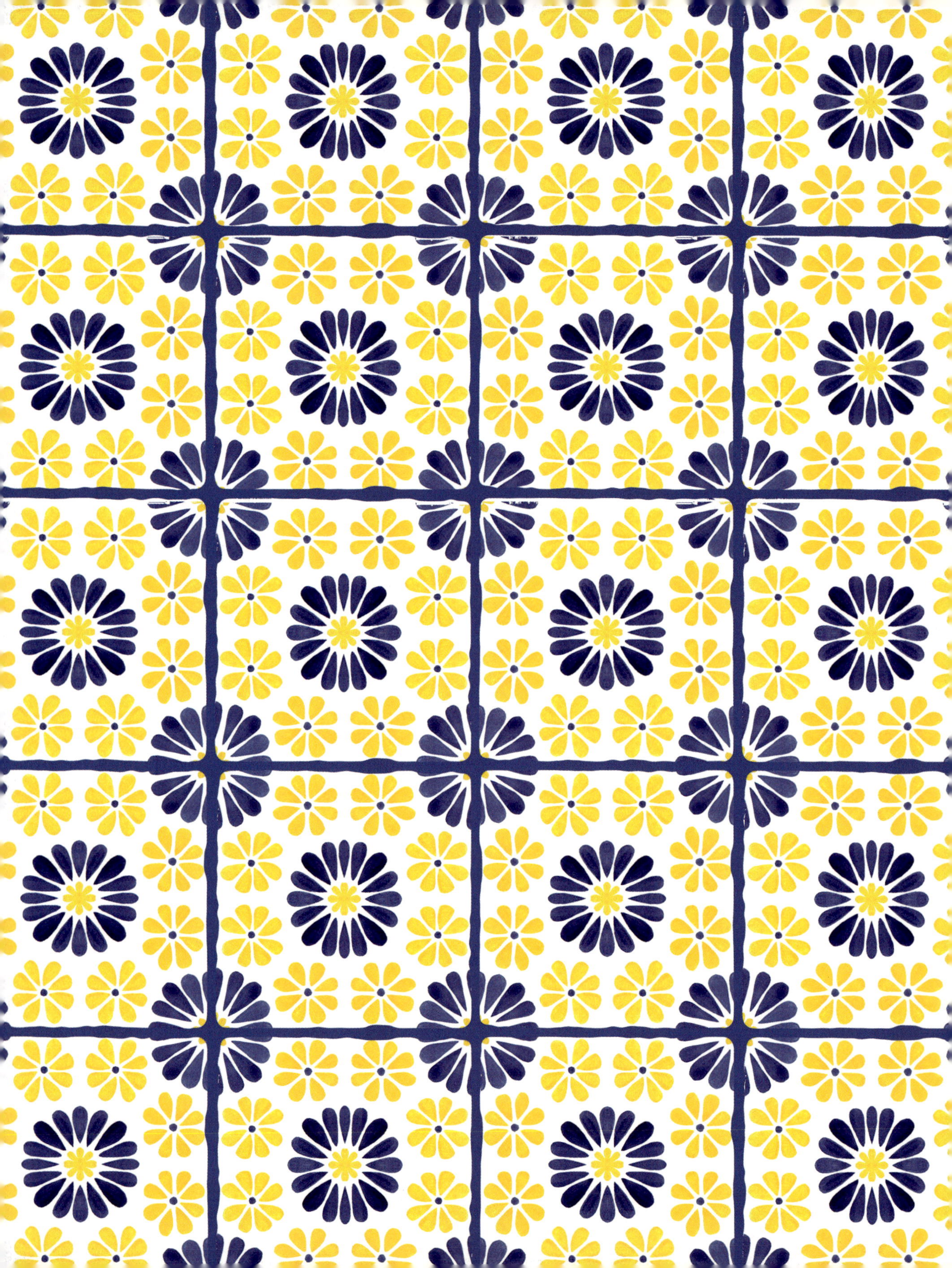

UNBEDINGT PROBIEREN

HARISSA

WUSSTEST DU SCHON?

HARISSA KANN MAN AUCH MIT FRISCHEN CHILISCHOTEN UND TOMATEN ZUBEREITEN.

Autsch! Hand hoch, wer sich noch nie mit superscharfem Chili die Zunge »verbrannt« hat. Erst kürzlich habe ich bei einer Verkostung mit meinem Team eine Sorte probiert, die für meinen Geschmack viel zu scharf war.

Die Geschichte des Harissa geht wahrscheinlich auf das 16. Jahrhundert zurück. Damals wurde eine kleine Chilisorte aus Kolumbien in das zu dieser Zeit von Spanien besetzte Tunesien eingeführt. Seitdem ist Harissa in Tunesien und im ganzen Maghreb zu einem klassischen Würzmittel geworden. Es steht auf jedem Tisch – meist in der berühmten blau-roten Dose, die, wenn sie leer ist, gern als Behälter für Küchenutensilien genutzt wird.

Für die Würzpaste werden die tunesischen Chilischoten reif geerntet und anschließend viele Stunden in der Sonne getrocknet, bevor sie gemahlen werden. Danach werden sie mit Olivenöl, Salz und Knoblauch zu einer nicht ganz glatten Paste verarbeitet. Manche Varianten enthalten noch Kümmel, sonnengetrocknete Tomaten, Koriander oder Zitronensaft, um ihnen ein besonderes Aroma zu geben (und vielleicht die Schärfe etwas abzumildern).

Ich selbst verwende Harissa in der Küche eher selten, aber immer mit gutem Ergebnis. Ich liebe es zum Beispiel, ein bisschen davon in die Chakchouka zu rühren, die ich mit meinem Freund Oren Marco zubereite (siehe Rezept S. 149). Du kannst auch ein paar Teelöffel in einen traditionellen Couscous (siehe Rezept S. 189) mischen, um ihm eine pikante Note zu verleihen.

SCHWIERIGKEITS-GRAD	HERKUNFT	FÜR	VORBEREITUNG	GARZEIT	RUHEZEIT
2	PORTUGAL	6 PERSONEN	15 MIN.	45 MIN.	48 STD.

BACALHAU COM BATATAS

500 g Stockfisch
500 g Kartoffeln
1 Knoblauchzehe
1 Bund Petersilie
1 Zweig Thymian
Olivenöl
Salz
Pfeffer aus der Mühle

Achtung, mit der Zubereitung dieses Gerichts muss 2 Tage vor dem Servieren begonnen werden.

2 Tage vor dem Verzehr den Stockfisch in eine Schüssel mit kaltem Wasser legen. 48 Stunden wässern, dabei das Wasser 2 Mal täglich wechseln. Danach den Stockfisch in ein Sieb abgießen.

Die Kartoffeln schälen, waschen und in einem Topf mit kochendem Wasser 25 Minuten garen, bis sie sich mit einem Küchenmesser leicht anstechen lassen. In eine Schüssel geben und mit einem Gemüsestampfer grob stampfen oder durch eine Kartoffelpresse drücken.

Den Backofen auf 180 °C Ober-/Unterhitze vorheizen. Den Knoblauch abziehen und hacken. Die Petersilie waschen und hacken. Thymian waschen und die Blättchen abstreifen. Knoblauch, Petersilie und Thymian in einer Schüssel mit Olivenöl verrühren. Salzen und pfeffern.

Den Stockfisch grob zerpflücken und in eine Auflaufform legen. Die Kartoffeln daraufgeben und die Knoblauch-Petersilien-Mischung darüber verteilen. Etwa 20 Minuten im Ofen backen, bis die Oberfläche goldbraun ist.

TIPP

Überbackene Gerichte mit einer Haube aus gestampften Kartoffeln kennt man in vielen Ländern. Stockfisch ist relativ einfach zuzubereiten und eignet sich auch für andere Rezepte wie etwa die Stockfisch-Bällchen (siehe S. 41).

SCHWIERIGKEITS-GRAD	HERKUNFT	FÜR	VORBEREITUNG	GARZEIT
●●●	FRANKREICH PROVENCE	6 PERSONEN	15 MIN.	1 STD.

SEETEUFEL IN SALZKRUSTE

Ich danke meinem *Fratello* Juan Arbelaez dafür, dass er mir vor zehn Jahren das Geheimnis seiner Salzkruste mit Eischnee verraten hat. Die Eigelbe, die dabei übrig bleiben, musst du nicht wegwerfen. Du kannst sie für die portugiesische Leckerei Pastéis de nata (siehe S. 45) verwenden.

- **10 Eiweiße**
- **1½ kg grobes Salz**
- **2 Bio-Zitronen**
- **1 Bund Thymian**
- **1 Bund Rosmarin**
- **1 Seeteufel, ca. 2 kg, küchenfertig**

Bitte den Fischhändler, den Fisch auszunehmen und zu schuppen.

Den Backofen auf 200 °C Ober-/Unterhitze vorheizen. Das Eiweiß in einer Schüssel mit den Schneebesen des Handmixers zu steifem Eischnee schlagen. Vorsichtig das Salz unterheben, dabei soll der Eischnee möglichst wenig zusammenfallen.

Die Zitronen waschen und in Scheiben schneiden. Thymian und Rosmarin waschen und etwas zerkleinern. Den Fisch mit Kräutern und Zitronenscheiben füllen. Eine Schicht Eischnee auf ein Backblech geben. Den Fisch darauflegen, dann vollständig mit dem restlichen Eischnee bedecken. 1 Stunde im Backofen garen.

Den Fisch aus dem Ofen nehmen und zum Servieren die Salzkruste aufbrechen.

TIPP

Dazu passt eine feine Buttersauce: 150 g Butter in einem Topf zerlassen, dann den Saft von 1 Zitrone unterrühren. Mit Salz und Pfeffer würzen. Serviere dazu frisches Gemüse der Saison.

SCHWIERIGKEITS-GRAD	HERKUNFT	FÜR	VORBEREITUNG	GARZEIT
	SPANIEN	6 PERSONEN	1 STD.	45 MIN.

PAELLA

Salz

3 g Safran

400 g Miesmuscheln

500 g Herzmuscheln

2 Tomaten

1 rote Paprikaschote

1 Zwiebel

1 Knoblauchzehe

natives Olivenöl extra

6 Langustinos

6 Riesengarnelen

12 Scampi

500 g Paella-Reis

1 Handvoll frische Erbsen

Pfeffer

Leicht gesalzenes Wasser in einem großen Topf zum Kochen bringen. Den Safran zufügen. Das Wasser auf niedrigster Stufe köcheln lassen.

Die Muscheln säubern und die Bärte entfernen. Die Tomaten waschen, häuten und in Streifen schneiden. Die Paprika waschen, putzen und ebenfalls in Streifen schneiden. Zwiebel und Knoblauch abziehen und hacken. Etwas Olivenöl in einer Paellapfanne oder einer großen beschichteten Pfanne erhitzen. Knoblauch, Zwiebel und Paprika darin andünsten. Langustinos, Riesengarnelen, Scampi sowie die Muscheln zugeben. Wenn sich die Muscheln geöffnet haben, die Tomaten zufügen und alles bei mittlerer Hitze 10–15 Minuten köcheln lassen.

Den Reis zugeben und gut unterrühren. Die Paella bei geringer Hitze köcheln lassen, dabei regelmäßig heißes Safranwasser zugießen, aber nicht umrühren. So kann der Reis langsam quellen und die Aromen der anderen Zutaten annehmen. Insgesamt etwa 25 Minuten köcheln lassen. Gegen Ende der Garzeit die Menge des Safranwassers vorsichtig dosieren, damit die Paella weder zu nass noch zu trocken wird. Die Erbsen 5–7 Minuten vor Ende der Garzeit zugeben. Nach Bedarf mit Pfeffer würzen. Die Meeresfrüchte und Muscheln auf der Paella anrichten. Heiß servieren.

L'HORT
Huile
d'olive

SCHWIERIGKEITSGRAD	HERKUNFT	FÜR	VORBEREITUNG
	ITALIEN	6 PERSONEN	20 MIN.

AIOLI PINZIMONIO

2 Möhren

1 Salatgurke

100 g grüne Bohnen

100 g Lauch

1 Fenchel

1 kleines Bund Spargel

2 Köpfe Radicchio

1 Bund rosa Radieschen

2 violette Möhren

FÜR DIE AIOLI

2 Knoblauchzehen

2 Eigelbe

1 Schuss Olivenöl

Sonnenblumenöl

Salz

Pfeffer aus der Mühle

DAS GEMÜSE ZUBEREITEN – Das Gemüse putzen, waschen oder – sofern nötig – schälen. Alle Sorten in gleichmäßig große Stäbchen oder Stücke schneiden.

DIE AIOLI ZUBEREITEN – Den Knoblauch abziehen und fein hacken. Die Eigelbe in einer Schüssel mit dem Olivenöl verrühren, dann unter ständigem Rühren in einem dünnen Strahl so viel Sonnenblumenöl zugießen, bis eine schöne Mayonnaise entsteht. Den gehackten Knoblauch unterrühren. Mit Salz und Pfeffer abschmecken.

Die Rohkost mit der Aioli als Dip servieren.

TIPP

Aioli pinzimonio ist eine tolle Vorspeise für eine gesellige Runde, bei der sich alle von der großen Platte bedienen. Du kannst jedes frische Gemüse der Saison dafür verwenden.

SCHWIERIGKEITS-GRAD	HERKUNFT	FÜR	VORBEREITUNG	EINWEICHZEIT	GARZEIT
2	ITALIEN	6–8 PERSONEN	1 STD.	20 MIN.	3 STD.

PORCHETTA

Allein der Name dieses Gerichts weckt bei mir lebhafte Kindheitserinnerungen, denn es kam bei uns oft bei großen Familienfeiern auf den Tisch.

1 Spanferkel , komplett entbeint, Borsten sorgfältig entfernt

FÜR DIE FÜLLUNG

500 g Bauernbrot vom Vortag

1 l Milch

1 kg Pancetta

Herz und Leber des Spanferkels (beim Schlachter ausdrücklich bestellen)

½ Selleriestange

1 Knolle Knoblauch

1 Schalotte

2 kg Rucola

1 Bund frischer Oregano

1 Bund Rosmarin

Olivenöl

Salz

Pfeffer

½ Glas Grappa

Achtung, dieses Rezept wird im Freien auf einem großen Grill mit Drehspieß zubereitet.

DIE FÜLLUNG ZUBEREITEN – Das Brot zerkleinern, in eine Schüssel geben und etwa 20 Minuten in der Milch einweichen. Dann die Milch abgießen.

Die Pancetta durch den Fleischwolf drehen und zum abgegossenen Brot geben. Herz und Leber des Spanferkels durch den Fleischwolf drehen und ebenfalls zufügen. Den Sellerie waschen, den Knoblauch und die Schalotte abziehen und beides durch den Fleischwolf drehen und zugeben. Den Rucola waschen und hacken, zur Füllung geben und alles gut vermengen. Die Masse soll schön fein sein. Kräuter waschen und Blätter und Nadeln abzupfen. Olivenöl, Salz und Pfeffer sowie Grappa, Oreganoblätter und Rosmarinnadeln untermischen.

DAS SPANFERKEL FÜLLEN UND GRILLEN – Das Fleisch mit der Schwarte nach unten auf einer großen Arbeitsfläche ausbreiten. Die Füllung in die Mitte geben, dann das Spanferkel aufrollen und mit Küchengarn verschnüren.

Das Spanferkel auf einen Drehspieß stecken und 3 Stunden bei schwacher Hitze im Freien grillen. Dabei den herabtropfenden Saft auffangen und das Spanferkel alle 15 Minuten damit einpinseln, damit die Schwarte schön knusprig wird.

CRONACHE di NAPO

SCHWIERIGKEITSGRAD	HERKUNFT	FÜR	VORBEREITUNG	GARZEIT	RUHEZEIT
3	ITALIEN	6 PERSONEN	50 MIN.	30 MIN.	1 + 3 NACHT STD.

SIZILIANISCHE CASSATA

500 g Ricotta

150 g Puderzucker

75 g Orangeat

175 g dunkle Schokotröpfchen

6 Eier

1 Prise Salz

230 g Zucker

180 g Mehl

100 ml Wasser

abgeriebene Schale von 1 Bio-Zitrone

50 ml Maraschino

250 g grünes Marzipan

ZUM SERVIEREN

300 g Puderzucker

kandierte Früchte

Achtung, mit der Zubereitung dieses Gerichts muss am Vortag begonnen werden.

Am Vortag den Ricotta mit 100 g Puderzucker in eine Schüssel geben, verrühren und über Nacht in den Kühlschrank stellen. Am nächsten Tag die Mischung durch ein Sieb streichen. Das Orangeat in Würfel schneiden und unter den Ricotta rühren. Die Schokotröpfchen untermischen. Kalt stellen.

Den Backofen auf 180 °C Ober-/Unterhitze vorheizen. Eier, Salz und 180 g Zucker in einer hitzebeständigen Schüssel verrühren. Die Schüssel über ein heißes Wasserbad stellen und langsam mit einem Handmixer schaumig rühren. Das dauert etwa 20 Minuten. Wenn die Masse eindickt, das gesiebte Mehl in mehreren Portionen mit einem Teigschaber unterheben. Die Masse in eine mit Backpapier ausgelegte Springform füllen und 30 Minuten im Ofen backen. Abkühlen lassen, dann aus der Form nehmen und einmal quer durchschneiden.

Das Wasser mit dem restlichen Zucker, Zitronenschale und Maraschino in einer Schüssel zu einem Sirup verrühren. Zur Seite stellen. Die Arbeitsfläche mit dem restlichen Puderzucker bestreuen und das Marzipan darauf zu einem Kreis ausrollen, der vom Durchmesser und der Höhe in die Springform passt.

Die gesäuberte Springform mit dem Marzipan auslegen (Rand und Boden). 1 Teigboden darauf setzen und mit dem Sirup einpinseln. Mit der Ricottacreme bestreichen, dann den zweiten Teigboden daraufgeben und mit dem restlichen Sirup bestreichen. Mit Frischhaltefolie bedecken, mit einem Teller beschweren und 3 Stunden in den Kühlschrank stellen.

Die Cassata aus der Form lösen. Zum Servieren den Puderzucker in eine Schüssel geben und mit etwas Wasser zu einem cremigen Guss verrühren. Die Oberfläche der Cassata damit bestreichen und mit kandierten Früchten dekorieren.

SCHWIERIGKEITS-GRAD	HERKUNFT	FÜR	VORBEREITUNG	GARZEIT
2	GRIECHENLAND	6 PERSONEN	15 MIN.	30 MIN.

PORTOKALOPITA

Für diesen traditionellen Kuchen hat jede Mutter und Großmutter ihr eigenes Rezept. Ich präsentiere die Version, die mein Freund Juan Arbelaez in seinem Restaurant »Yaya« anbietet.

FÜR DEN TEIG

1 Paket Filoteig (250–300 g)

140 ml geschmacksneutrales Öl

12 g Zucker

200 g griechischer Joghurt

4 Eier

abgeriebene Schale von 1 Bio-Orange

Mark von 1 Vanilleschote

1 Päckchen Backpulver

Fett für die Form

FÜR DEN SIRUP

240 ml Wasser

224 g Zucker

120 ml Orangensaft

DEN TEIG ZUBEREITEN – Den Backofen auf 170 °C Ober-/Unterhitze vorheizen. Den Filoteig in kleine Stücke schneiden.

Öl und Zucker in einer Schüssel mit dem Schneebesen verrühren, dann den Joghurt untermischen. Die Eier einzeln zufügen und einarbeiten, danach Orangenschale, das Vanillemark und zuletzt das Backpulver unterrühren. Den zerkleinerten Filoteig unterheben und alles in eine gefettete Backform füllen. Mit Orangenscheiben belegen und 30 Minuten im Ofen backen.

DEN SIRUP ZUBEREITEN – Währenddessen das Wasser mit Zucker und Orangensaft in einen Topf geben und zum Kochen bringen. Etwa 10 Minuten zu einem Sirup einkochen. Abkühlen lassen.

FERTIGSTELLUNG – Den Kuchen aus dem Ofen nehmen und noch in der Form gleichmäßig mit dem kalten Sirup begießen. Sirup und Kuchen dürfen nicht die gleiche Temperatur haben.

GROSSMUTTERS REZEPTE

SCHWIERIGKEITSGRAD	HERKUNFT	FÜR	VORBEREITUNG	GARZEIT	RUHEZEIT
	ITALIEN ROM	6 PERSONEN	30 MIN.	12 MIN.	20 MIN.

JÜDISCHE ARTISCHOCKEN

Ein typisch römisches Gericht, das im Zweiten Weltkrieg oft im jüdischen Viertel von Rom zubereitet wurde. Die Bewohner des Viertels trafen sich auf der Straße, um gemeinsam zu kochen und etwas Zeit miteinander zu verbringen. Berühmte Rezepte wie Pizza fritta oder Arancini stammen ebenfalls aus dieser Zeit.

- **12 frische Artischocken**
- **1½ l Sonnenblumenöl**
- **Salz**
- **Pfeffer**
- **60 g glatte Petersilie**
- **1 große Knoblauchzehe**
- **2 Schalotten**
- **Saft von 1 Zitrone**
- **30 g rosa Pfefferkörner**
- **60 g natives Olivenöl extra**

DIE ARTISCHOCKEN VORGAREN – Die äußeren harten Blätter der Artischocken entfernen und den Stiel auf 3 cm einkürzen. Die Blattspitzen etwas abschneiden, aber nicht zu kurz.

Das Sonnenblumenöl in einem Topf auf 140 °C erhitzen. Die Artischocken hineinlegen und je nach Größe 7–10 Minuten darin frittieren. Herausnehmen und auf Küchenpapier abtropfen lassen. Mit Salz und Pfeffer würzen. 15–20 Minuten ruhen lassen. Das Öl im Topf aufbewahren.

DIE KRÄUTERSAUCE ZUBEREITEN – Die Petersilie waschen. Den Knoblauch und die Schalotten abziehen. Petersilie, Knoblauch und Schalotten grob hacken und in einer Schüssel vermischen. Den Zitronensaft und die zerdrückten rosa Pfefferkörner hinzufügen. Mit Salz und Pfeffer würzen. Das Olivenöl einrühren.

DIE ARTISCHOCKEN GAREN – Das aufbewahrte Öl auf 180 °C erhitzen. Die Blätter der Artischocken etwas auseinanderziehen, dann Artischocken 1½ Minuten in dem heißen Öl frittieren. Auf Küchenpapier abtropfen lassen, mit Salz und Pfeffer würzen und mit der Kräutersauce servieren.

TIPP

Artischocken dürfen keinesfalls in Wasser oder Zitronensaft gelegt werden, wenn sie anschließend in heißem Öl frittiert werden. Selbst wenn sie so etwas braun werden: Beim Frittieren bekommen sie wieder eine appetitliche Farbe.

SCHWIERIGKEITSGRAD	HERKUNFT	FÜR	VORBEREITUNG	GARZEIT	RUHEZEIT
●	SPANIEN	6 PERSONEN	15 MIN.	10 MIN.	2 STD.

GAZPACHO

Der andalusische Klassiker par excellence.

- **1 kg rote Tomaten**
- **½ Salatgurke**
- **2 Knoblauchzehen**
- **1 rote Paprikaschote**
- **50 ml natives Olivenöl extra**
- **50 g Weißbrot vom Vortag**
- **5 g Salz**
- **Pfeffer**
- **30 ml Sherryessig**

Tomaten und Gurke waschen. Tomaten grob würfeln und die Gurke in dünne Scheiben schneiden. Den Knoblauch abziehen. Die Paprika waschen, putzen und in Stücke schneiden. Etwas Öl in einem Topf erhitzen. Die ganzen Knoblauchzehen und die Paprika darin andünsten. Die Tomaten zugeben und 10 Minuten köcheln lassen. Dann abkühlen lassen.

Die Mischung in einen Mixer geben, das Brot zufügen, mit Salz und Pfeffer würzen, Essig zugießen und alles glatt pürieren. Die Suppe durch ein Stück Käseleinen oder ein feines Sieb in eine Schüssel abseihen und 2 Stunden in den Kühlschrank stellen.

Den Gazpacho in tiefe Teller füllen, mit dem restlichen Olivenöl beträufeln, mit Gurkenscheiben garnieren und kalt servieren.

TIPP

Tomaten niemals zusammen mit Olivenöl pürieren, weil sie sonst ihre schöne rote Farbe verlieren können.

SCHWIERIGKEITSGRAD	HERKUNFT	FÜR	VORBEREITUNG	GARZEIT
	ITALIEN	6 PERSONEN	20 MIN.	20 MIN.

TIMBALLO DI PASTA

Dies ist ein beliebtes Alltagsrezept, das viele aus ihrer Kindheit kennen. Hier präsentiere ich eine etwas schickere Version mit senkrecht gestellten Rigatoni. Einfach zuzubereiten und herrlich schmackhaft ist es allemal.

500 g Rigatoni (oder übrig gebliebene Pasta vom Vortag)

500 g Tomatensauce (siehe S. 235)

2 Eier

200 g Büffelmozzarella

100 g Grana Padano, gerieben

Basilikumblätter

Salz

Pfeffer

natives Olivenöl extra

Den Backofen auf 180 °C Ober-/Unterhitze vorheizen.

Die Pasta in einem Topf mit reichlich Salzwasser (1:10:100-Regel, siehe unten) nach Packungsangabe bissfest garen. Dann durch ein Sieb abgießen, aber nicht mit Wasser spülen. In eine Schüssel geben. Die Tomatensauce in einem Topf erwärmen. Die Eier in einer Schüssel mit einer Gabel verquirlen, dann unter die Tomatensauce rühren. Die Sauce über die Nudeln gießen und alles gut vermischen. Die Eier sorgen für die Bindung.

Die Rigatoni aufrecht nebeneinander in eine Auflaufform stellen. Mozzarella in Stücke schneiden und mit dem Grana Padano auf den Nudeln verteilen. Mit Basilikumblättern bestreuen und 10 Minuten im Ofen überbacken. Nach Belieben mit Salz und Pfeffer würzen und mit etwas Olivenöl beträufeln.

Heiß servieren. Der Mozzarella soll Fäden ziehen.

TIPP

Erinnerst du dich? Die Faustregel für perfekte Pasta lautet: 1 l Wasser, 10 g Salz, 100 g Nudeln. Ich wende sie immer an, und meine Pasta gelingt zuverlässig.
VARIANTE: Du kannst die Tomatensauce auch durch Béchamelsauce ersetzen.

GRANA

PADANO

Angeblich wurde der Grana Padano aus der Poebene im Jahr 1135 in der Abtei von Chiaravalle, wenige Kilometer südlich von Mailand, geboren. Der Käse wurde damals in den Klöstern in großen kupfernen Kesseln zubereitet, deren Form an umgedrehte Glocken erinnerte. Aus jedem Kessel konnten zwei Käselaibe gewonnen werden. Heute gibt es in Italien fünf Regionen, in denen Grana Padano hergestellt wird: Piemont, Emilia Romagna (nur Piacenza), Venetien, Trentino (nur Trento) und die Lombardei, die mir sehr am Herzen liegt, weil ich dort einen Teil meiner Kindheit verbracht habe.

Grana Padano ist ein gereifter Hartkäse, der aus teilentrahmter und vollfetter Kuhmilch ausschließlich von Kühen aus dem Erzeugungsgebiet besteht. Den Namen »Grana« trägt er wegen seiner körnigen Konsistenz. Er hat einen angenehmen Duft und einen kräftigen Geschmack. Man unterscheidet drei Sorten:

- Grana Padano, 9–16 Monate gereift, milder und weniger körnig als die reiferen Sorten. Sein feiner Geschmack erinnert eher an Milch und Sahne.
- Grana Padano, über 16 Monat gereift, würziger, aber nicht pikanter Geschmack durch die längere Reifung der Milchproteine. Die körnige Konsistenz und die Neigung zum Splitterbruch sind auf die Kalziumlaktatkristalle zurückzuführen.
- Grana Padano Riserva, mindestens 20 Monate gereift, bei Kennern und Feinschmeckern beliebt. Der Geschmack wird mit zunehmender Reifung immer intensiver. Er ist nie aufdringlich, gibt Gerichten aber eine unverwechselbare Note.

Ich liebe Grana Padano wegen seiner Vielseitigkeit. Er ist die perfekte Zutat für eine gesunde, ausgewogene und köstliche Ernährung. Du wirst ihn häufig in meinen Rezepten finden: in einfachen Pfannengerichten, gerieben oder gehobelt, geschmolzen in einer Sauce oder einfach zum Bestreuen. Für diesen Käse finde ich fast immer Verwendung.

WUSSTEST DU SCHON?

GRANA PADANO TRÄGT SEIT 1996 EINE VON DER EU GESCHÜTZTE URSPRUNGSBEZEICHNUNG (AOP). AUFGRUND SEINES HERSTELLUNGSVERFAHRENS UND SEINER REIFUNG IST ER VON NATUR AUS LAKTOSEFREI.

SCHWIERIGKEITS-GRAD	HERKUNFT	FÜR	VORBEREITUNG	GARZEIT	RUHEZEIT
2	MAGHREB TUNESIEN	6 PERSONEN	1 STD.	1 STD.	12 STD. + 10 MIN.

COUSCOUS MIT FLEISCHKLÖSSEN

FÜR DIE FLEISCHKLÖSSE

1 gelbe Zwiebel

Olivenöl

6 Scheiben Kastenweißbrot ohne Rinde

200 ml Milch

600 g Kalbshackfleisch

400 g Rinderhackfleisch

2 EL Ras el Hanout

Salz, Pfeffer

FÜR DAS GEMÜSE

2 große Möhren

1 Aubergine

1 gelbe Zucchini

1 rote Zwiebel

1 TL Ras el Hanout

1 kleine milde Chilischote

100 g Kichererbsen

Die Fleischklöße geben diesem Couscousgericht sein besonderes Aroma. Du kannst sie ganz nach Belieben auch mit anderen Hackfleischsorten zubereiten. Höre da ruhig auf deine Intuition: Es gibt kein besseres Couscous-Rezept als das von dir oder deiner Mutter.

Am Vortag die Kichererbsen in einer Schüssel mit reichlich Wasser bedecken und 12 Stunden (am besten über Nacht) einweichen.

DIE FEISCHKLÖSSE ZUBEREITEN – Am Tag der Zubereitung die Zwiebel abziehen und fein hacken. Etwas Olivenöl in einer Pfanne erhitzen und die Zwiebel darin glasig dünsten. Die Brotscheiben in eine Schüssel legen, mit der Milch übergießen und einweichen lassen. Dann beide Hackfleischsorten, Zwiebel, Ras el Hanout, Salz und Pfeffer zufügen und alles mit den Händen gut verkneten. Den Backofen auf 200 °C Ober-/Unterhitze vorheizen. Ein Backblech mit Backpapier auslegen. Aus der Fleischmasse mit der Hand Portionen von je etwa 80 g abnehmen, zu Klößen formen und diese auf das Backblech legen. 15 Minuten im Ofen garen, dann herausnehmen und in einer heißen Pfanne bräunen.

DAS GEMÜSE ZUBEREITEN – Das Gemüse putzen, waschen, die Möhren schälen und alles in mundgerechte Stücke schneiden. Zwiebel abziehen und mit der Chili grob hacken. Möhren in einem Topf mit reichlich Salzwasser, dem Ras el Hanout und der Chili 4 Minuten garen. Zucchini, Aubergine, Zwiebel und abgetropfte Kichererbsen zufügen und weitere 15 Minuten bei geringer Hitze köcheln. Das Gemüse mit einem Schaumlöffel aus dem Kochsud nehmen und warm stellen. Kochsud bei mittlerer Hitze auf die Hälfte einkochen.

FÜR DEN COUSCOUS

300 g Couscous, mittelfein

400 ml lauwarmes Wasser

1 Schuss Olivenöl

1 Prise Salz

½ Bund glatte Petersilie

DEN COUSCOUS ZUBEREITEN – Den Couscous in einen tiefen Teller füllen, lauwarmes Wasser und Olivenöl einrühren, salzen und 10 Minuten quellen lassen. Dann mit einer Gabel auflockern. Den Couscous auf eine Platte geben, Gemüse und Fleischklöße darauf anrichten. Mit gehackter Petersilie bestreuen und mit dem eingekochten Sud beträufeln. Heiß servieren.

SCHWIERIGKEITS-GRAD	HERKUNFT	FÜR	VORBEREITUNG	GARZEIT
	FRANKREICH PROVENCE	6 PERSONEN	45 MIN.	40 MIN.

RATATOUILLE AUF MEINE ART

Ich liebe dieses Gericht, weil es mich an die Caponata erinnert, die Mamma Silvana früher jeden Morgen zubereitet hat. Wenn wir zu Hause aufwachten, duftete es nicht nach Kaffee, sondern nach Tomatensauce.

2 vollreife rote Tomaten

350 g Auberginen

350 g Zucchini

400 g Paprikaschoten (rot, gelb und grün)

1 Zwiebel

2 Knoblauchzehen

Olivenöl

2 Zweige Thymian

Salz

Pfeffer aus der Mühle

Die Tomaten am Stielansatz kreuzweise einschneiden und 20 Sekunden in eine Schüssel mit kochendem Wasser tauchen. Herausnehmen und sofort in einer Schüssel mit Eiswasser abschrecken. Dann die Haut abziehen. Auberginen und Zucchini putzen, waschen und in Scheiben schneiden. Die Paprikaschoten putzen, waschen und in Streifen schneiden. Zwiebel und Knoblauch abziehen und hacken. Etwas Olivenöl auf mittlerer Stufe in einem Topf erhitzen und Knoblauch, Paprika und Zwiebel darin weich dünsten. Dann Tomaten und gewaschenen Thymian zufügen und alles bei schwacher Hitze 20–30 Minuten köcheln lassen.

Die Auberginen in einer Pfanne mit etwas Olivenöl anbraten. Die Zucchini in einer zweiten Pfanne ebenso anbraten. Beide Gemüse in den Topf zu Knoblauch und Zwiebeln geben. Einige Minuten köcheln lassen, dabei nicht zu viel rühren, damit die Auberginen nicht zerfallen. Mit Salz und Pfeffer abschmecken und servieren.

SCHWIERIGKEITSGRAD	HERKUNFT	FÜR	VORBEREITUNG	GARZEIT
●●	ITALIEN	6 PERSONEN	30 MIN.	40 MIN.

OSSOBUCO

60 g Mehl

6 Scheiben Ochsenbein mit Mark (à ca. 150 g)

natives Olivenöl extra

1 große rote oder gelbe Paprikaschote

2 kleine Fenchel (oder 1 großer)

1 rote Zwiebel

Salz

Pfeffer

500 g Tomatensauce (siehe S. 235)

Kerbel, Schnittlauch oder Kräuter der Provence

frische Basilikumblätter

frische Zesten von 1 Bio-Orange

Den Backofen auf 170 °C Ober-/Unterhitze vorheizen. Mehl auf einen Teller geben und die Beinscheiben darin wenden. Olivenöl in einer Pfanne erhitzen und die Beinscheiben darin von jeder Seite 3 Minuten anbraten. Dann in einen Bräter legen.

Die Paprika putzen, waschen und in Würfel schneiden. Den Fenchel putzen und waschen, die Zwiebel abziehen und beides hacken. Das Gemüse in die Pfanne geben, in der zuvor das Fleisch gebraten wurde, salzen, pfeffern und einige Minuten garen, bis es leicht gebräunt ist. Das Gemüse zum Fleisch in den Bräter geben. Tomatensauce und gewaschene Kräuter zufügen, dann den Deckel auflegen. Ossobuco 20–30 Minuten im Ofen garen. Nach 15 Minuten den Bräter öffnen und prüfen, ob noch genug Flüssigkeit vorhanden ist. Falls nötig, 1 Glas Wasser zugießen. Die Kräuter herausnehmen.

Den Bräter aus dem Ofen nehmen. Die Beinscheiben mit Gemüse und Sauce auf einer Platte anrichten. Mit Basilikumblättern und Orangenzesten garnieren und mit etwas Olivenöl beträufeln.

TIPP

Du kannst mit der Zwiebel auch etwas Knoblauch anbraten. Serviere dazu Spaghetti oder Kartoffelpüree.

SCHWIERIGKEITSGRAD ●● | HERKUNFT MAROKKO | FÜR 8 PERSONEN | VORBEREITUNG 1 STD. | GARZEIT 1 + 15 STD. MIN.

TAJINE

3 Zwiebeln
3 Tomaten
5 EL Olivenöl
3 EL Erdnussöl
1 TL gem. Ingwer
1 TL gem. Kreuzkümmel
1 TL Paprikapulver
1 TL gem. Koriander
1 Msp. Safran
1 Msp. gem. Muskatnuss
1 kg Lammschulter, in Würfel geschnitten
Salz
Pfeffer
2 eingelegte Zitronen
50 g Oliven in Scheiben
500 g Trockenpflaumen
2 Möhren
2 Zucchini
2 Auberginen
2–3 cm frischer Ingwer
1 Bouquet garni
250 g ganze blanchierte Mandeln
1 Bund Koriander

Vielen Dank an meinen Freund Hamid Meziane, der mir dieses köstliche Rezept aus seiner Familie verraten hat!

Die Zwiebeln abziehen und hacken. Die Tomaten häuten und in große Stücke schneiden. Olivenöl und Erdnussöl in einem Topf erhitzen und die Zwiebeln darin glasig dünsten. Gewürze und Tomaten zufügen und kurz anbraten. 1 l Wasser zugießen und alles 30 Minuten köcheln lassen.

Das Fleisch hineinlegen, salzen und pfeffern. Gut umrühren, dann das Fleisch abgedeckt bei geringer Hitze 30 Minuten köcheln lassen. Anschließend 1 eingelegte Zitrone, Olivenscheiben und Trockenpflaumen zufügen.

Während das Fleisch köchelt, den Backofen auf 160 °C Ober-/Unterhitze vorheizen. Das Gemüse putzen, waschen, die Möhren schälen und alles in Stifte schneiden. 2–3 Kellen Garflüssigkeit vom Fleisch in eine ofenfeste Form gießen und das Gemüse hineinlegen. Ingwer und Bouquet garni zufügen. 15 Minuten im Ofen garen.

Die Tajine mit heißem Wasser ausspülen, um sie vorzuwärmen. Das Fleisch in den unteren Teil legen und mit dem Kochsud begießen. Das Gemüse darauf verteilen. Das Oberteil aufsetzen und die Tajine bis zum Servieren bei 100 °C in den Backofen stellen. Die Mandeln ohne Fett in einer Pfanne rösten. Kurz vor dem Servieren Mandeln und gehackten Koriander auf das Gericht streuen. Die zweite eingelegte Zitrone vierteln und die Tajine damit garnieren.

SCHWIERIGKEITSGRAD

HERKUNFT **FRANKREICH** NIZZA | FÜR **6** PERSONEN | VORBEREITUNG **40** MIN. | GARZEIT **40** MIN.

GEFÜLLTES GEMÜSE

4 runde Zucchini

4 gelbe Paprikaschoten

4 große rote Tomaten

600 g Rinderhackfleisch

300 g Hühnerhackfleisch

150 g durchwachsener Speck, gehackt

2 Zwiebeln

3 Knoblauchzehen

1 EL Kräuter der Provence

1 Schuss Olivenöl

Salz

Pfeffer aus der Mühle

Den Backofen auf 180 °C Ober-/Unterhitze vorheizen. Zucchini, Paprika und Tomaten waschen, dann jeweils oben einen Deckel abschneiden und zur Seite legen. Das Gemüse mit einem Löffel aushöhlen und zur Seite stellen. Herausgeschabtes Fruchtfleisch in eine Schüssel geben.

Beide Hackfleischsorten und den Speck mit dem Fruchtfleisch vermengen. Zwiebeln und Knoblauch schälen, hacken und zufügen. Kräuter der Provence, Olivenöl sowie Salz und Pfeffer zugeben und alles mit den Händen gut verkneten.

Das ausgehöhlte Gemüse mit der Hackfleischmischung füllen und in eine Auflaufform setzen. Jeweils die Deckel aufsetzen und die Stiele mit Alufolie umwickeln, damit sie nicht verbrennen.

Gemüse 40 Minuten im Backofen garen und sofort heiß servieren.

TIPP

Bitte deinen Schlachter ruhig, dir das Fleisch, das du gerne hättest (Rind, Geflügel, Speck), durch den Fleischwolf zu drehen. Das Gericht wird noch aromatischer, wenn du etwas Olivenöl, Knoblauch und Kräuter in die Auflaufform gibst.

٥٤
54
٥٢
52

SCHWIERIGKEITS-GRAD | HERKUNFT ITALIEN | FÜR 6 PERSONEN | VORBERE[...] 45 MIN[...]

TIRAMISU

Dieses wunderbare Rezept habe ich von meiner
Es steht immer in mindestens einem meiner Res
so üppig ist, eignet es sich am besten als Abschl

- **4 Eier**
- **500 g Mascarpone**
- **100 g Zucker**
- **30 g Amaretto oder Kaffeelikör** (nach Belieben)
- **300 g frisch aufgebrühter Kaffee** (leicht gesüßt)
- **300 g Löffelbiskuits**
- **Kakaopulver**

Die Eier trennen. Die Eigelbe mit dem Mo
des Zuckers in eine Schüssel geben und m
rühren. Den gewählten Likör zufügen und

Das Eiweiß mit dem restlichen Zucker in ei
und mit dem Handmixer zu steifem Eischne
vorsichtig mit einem Teigschaber unter di

Den Kaffee in eine Schüssel gießen und
kurz eintauchen. Eine Dessertform mit
Löffelbiskuits auslegen. Darauf die Hälfte
einer weiteren Schicht getränkter Löffelb
der restlichen Creme abschließen. Mind
Kühlschrank stellen.

Kurz vor dem Servieren das Kakaopulver

TIPP

In Italien essen auch Kinder Tiran
Kaffee. Du kannst die Löffelbiskuits aber au

FÜR BESONDERE ANLÄSSE

SCHWIERIGKEITS-GRAD	HERKUNFT	FÜR	VORBEREITUNG	GARZEIT
2	SPANIEN	6 PERSONEN	15 MIN.	5 MIN.

GAMBAS MIT PETERSILIENBUTTER

Die Gambas Rojas de Denia (nicht Denny!) sind meiner Meinung nach die besten. Sie kommen aus Valencia an der Ostküste Spaniens. Ihr Fleisch ist sehr zart und ihre Farbe ist hinreißend. Am besten serviert man sie ohne viel Beiwerk wie in diesem Rezept.

18 rohe Riesengarnelen (möglichst frisch)

70 g Butter

4 Knoblauchzehen

3 Stängel Petersilie

Salz

Pfeffer

2 Zitronen

Den Rücken der Garnelen aufschneiden, um den Darm zu entfernen, aber die Schale dranlassen.

Die Butter in einer Schüssel mit einer Gabel zerdrücken und zu einer Paste verrühren. Den Knoblauch abziehen, die Petersilienblätter abzupfen und waschen. Beides fein hacken und gleichmäßig unter die Butter rühren. Die Rücken der Garnelen mit der aromatisierten Butter bestreichen. Die Garnelen in den Kühlschrank stellen.

Eine Pfanne auf dem Herd erhitzen. Die Garnelen darin etwa 5 Minuten braten. Nicht zu lange garen, sonst lassen sie sich schlecht schälen.

Mit Salz und Pfeffer würzen und mit Zitronenschnitzen servieren.

TIPP

Damit das Fleisch der Garnelen zart und saftig ist, muss es noch fast durchscheinend sein. Auf keinen Fall zu lange garen! Ich mag die Garnelen auch roh als Tartar oder Carpaccio. Wirf die Köpfe nicht weg, sie können am nächsten Tag für eine Nudelsauce verwendet werden.

SCHWIERIGKEITSGRAD	HERKUNFT	FÜR	VORBEREITUNG	GARZEIT	RUHEZEIT
2	ITALIEN KÜSTE BEI NEAPEL	6 PERSONEN	30 MIN.	15 MIN.	1 + 30 STD. MIN.

LINGUINE ALLE VONGOLE

Dieses feine Nudelgericht mit Muscheln kennen und lieben viele. Für eine besonders luxuriöse Variante kannst du es mit etwas Bottarga (Fischrogen) verfeinern.

2 kg Herzmuscheln

Salz

2 Knoblauchzehen

1 kleines Bund glatte Petersilie

natives Olivenöl extra

1 kleine rote Chilischote

200 ml Weißwein

600 g Linguine

1 Schuss Zitronensaft

Pfeffer aus der Mühle

etwas Bottarga (nach Belieben)

Die Muscheln 30 Minuten in eine Schüssel mit kräftig gesalzenem Wasser (33 %) legen, damit sie den Sand ausstoßen. Vorgang 3 Mal wiederholen und dabei jedes Mal das Wasser wechseln. Die Muscheln gründlich säubern, bis das Wasser klar abfließt. Meist sind drei Waschgänge nötig.

Den Knoblauch abziehen und auf einen Teller pressen. Die Petersilie waschen und hacken. Etwas Olivenöl in einer Pfanne auf hoher Stufe erhitzen. Die Chilischote waschen, leicht andrücken und mit dem Knoblauch und den Muscheln zugeben. Den Wein angießen. Zugedeckt 2–3 Minuten kochen, bis sich die Muscheln öffnen. Die Petersilie dazugeben (etwas zum Garnieren aufbewahren). Von der Hälfte der Muscheln die Schalen entfernen und wegwerfen. Die andere Hälfte bleibt ungeschält. So hast du beim Essen nicht zu viele Schalen auf dem Teller. Alle Muscheln wieder in die Pfanne geben.

Gleichzeitig reichlich Salzwasser in einem Topf zum Kochen bringen und die Linguine darin nach der 1/10/100-Regel (siehe S. 185) in der Hälfte der auf der Packung angegebenen Zeit kochen. Durch ein Sieb abgießen, dabei einen Teil des Kochwassers auffangen. Die Linguine in die Pfanne zu den Muscheln geben und einige Esslöffel des Kochwassers untermischen. Mit etwas Zitronensaft beträufeln, mit der restlichen Petersilie bestreuen, pfeffern und nach Belieben im letzten Moment einige Scheiben Bottarga auf das Gericht legen. Heiß servieren.

SCHWIERIGKEITSGRAD	HERKUNFT	FÜR	VORBEREITUNG	GARZEIT
	SÜDEUROPA	6 PERSONEN	10 MIN.	2 MIN.

LANGUSTINOS MIT KADAIF

Knuspriges Kadaif, auch Engelshaar genannt, und zartes Langustinofleisch – eine himmlische Kombination!

1,2 kg frische Langustinos

1 Paket Kadaif, ca. 400–500 g

1 ½ l Öl zum Frittieren

Salz

Pfeffer

Zitronensaft oder Mayonnaise zum Servieren

Den Darm von den Langustinos entfernen. Dann Langustinos mit Kadaif-Fäden umwickeln.

Das Öl in einem Topf auf 160–180 °C erhitzen. Die Langustinos 2 Minuten im heißen Öl frittieren, dann mit einem Schaumlöffel herausheben und auf Küchenpapier abtropfen lassen. Nach Geschmack salzen und pfeffern.

Die Langustinos heiß servieren. Nach Belieben mit etwas Zitronensaft beträufeln oder eine selbst gemachte Mayonnaise mit einem Hauch Chili dazu reichen.

TIPP

**Wenn du lebende Langustinos bekommst, greife unbedingt zu, denn die schmecken noch besser.
Wer möchte, trennt vor dem Frittieren die Köpfe ab und verwendet sie für eine Sauce oder Fischsuppe.**

SCHWIERIGKEITSGRAD	HERKUNFT	FÜR	VORBEREITUNG	GARZEIT
2	ITALIEN	6 PERSONEN	40 MIN.	30 MIN.

RISOTTO MIT MEERESFRÜCHTEN

500 g Arborio-Reis

1 l heiße Gemüsebrühe

300 g kleine Garnelen

300 g Herzmuscheln

300 g Miesmuscheln

natives Olivenöl extra

1 Glas Weißwein

80 g Butter

Salz

Pfeffer

einige Sprossen Queller

Achtung, wenn du die Brühe selbst kochen willst (siehe S. 234), musst du mit der Vorbereitung des Risottos am Vortag beginnen.

Den Reis in einem weiten Topf einige Minuten trocken rösten. Wenn der Reis heiß und die Stärke vollständig abgebaut ist, eine Suppenkelle heiße Gemüsebrühe hinzufügen. Unter Rühren köcheln lassen, bis der Reis die Brühe aufgesogen hat, dann alle 2–3 Minuten eine weitere Kelle zufügen.

Die Garnelen säubern, aber nicht schälen. Beide Muschelsorten gründlich waschen und die Bärte entfernen. Wenn etwa ¾ der Brühe mit dem Reis verrührt sind, die Garnelen in einer Pfanne mit etwas Olivenöl 4 Minuten braten, dann zur Seite stellen. Etwas mehr Olivenöl in die Pfanne geben, Herzmuscheln und Miesmuscheln darin erhitzen, bis sie sich öffnen. Mit Weißwein ablöschen.

Wenn der Reis fast gar ist, die Butter einrühren, um das Risotto zu binden: Das nennt man auf Italienisch *mantecare*. Leicht salzen und pfeffern. Risotto auf Portionsteller verteilen. Die Meeresfrüchte und einige Sprossen Queller darauf anrichten und alles mit etwas Olivenöl beträufeln.

BOTTARGA

Zunächst möchte ich dir versichern, dass sich hinter den vielen unterschiedlichen Namen – *poutargue, bottarga, boutargue* oder *boutharkha* – immer dasselbe verbirgt. Es handelt sich um eine schmackhafte Zubereitung auf Basis von getrocknetem Fischrogen, insbesondere von Meeräsche oder Blauflossen-Thunfisch, die zu den wichtigsten kulinarischen Spezialitäten des Mittelmeers gehört.

An den europäischen Küsten wird in verschiedenen Regionen Bottarga produziert. In Frankreich ist zum Beispiel die Stadt Martigues in Okzitanien für ihre *Poutargue*-Produktion bekannt. In Italien spricht man von *bottarga*. Hier schätzt man Produkte aus Sardinien, Thunfisch-Bottarga von der Insel Favignana oder die Sorte aus meiner Heimat Kalabrien, die ich selbstverständlich am liebsten mag.

In der Küche ist Bottarga recht einfach zu verwenden. Man schneidet dünne Scheiben von den Strängen und beträufelt sie mit etwas Olivenöl von bester Qualität und vielleicht noch etwas Zitronensaft. Ich liebe Bottarga als letzten Schliff auf Pasta alle vongole (siehe S. 213), reiche aber auch oft ein paar Scheiben »pur« als Aperitif zu einem guten Wein! Manchmal reibe ich etwas Bottarga auf ein Gericht, beispielsweise mit einem Rucola-Pesto, weil der Farbkontrast so toll aussieht.

WUSSTEST DU SCHON?

EINE DÜNNE WACHSARTIGE SCHICHT UMHÜLLT DEN ROGEN UND SCHÜTZT DIE FISCHEIER VOR ÄUSSEREN EINFLÜSSEN UND EINER WEITEREN REIFUNG. NATÜRLICH WIRD DIESE SCHICHT VOR DEM VERZEHR ENTFERNT.

SCHWIERIGKEITS-GRAD	HERKUNFT	FÜR	VORBEREITUNG	GARZEIT	RUHEZEIT
	SPANIEN	6 PERSONEN	15 MIN.	20 MIN.	10 MIN.

GALIZISCHES RINDFLEISCH IM KRÄUTERRAUCH

50 g getr. Kräuter der Provence oder Macchia-Kräuter (wilder Thymian, Bohnenkraut, Rosmarin usw.)

3 Scheiben Côte de bœuf (Rib Eye Steak) **à 1 kg**

50 g Butter

Salz

Pfeffer aus der Mühle

Die Kräuter in einen Topf oder ein hohes, feuerfestes Gefäß legen und anzünden. Einige Minuten lang rauchend brennen lassen, bis die Flammen von selbst erlöschen.

Einen Grillrost auf den Topf legen. Die Fleischscheiben auf den Rost über den glühenden Kräutern legen und mit Alufolie abdecken. 10–12 Minuten im Rauch liegen lassen.

Das Fleisch vom Rost nehmen und auf dem Grill oder in einer Pfanne mit etwas Butter bis zum gewünschten Gargrad braten. Salzen, pfeffern und mit Beilagen nach Wahl heiß servieren.

TIPP

Für Fleischzuschnitte aller Art gibt es eine einfache Regel: Garzeit und Ruhezeit sollten gleich lang sein. Dadurch verteilt sich die Hitze gut und das Fleisch wird schön saftig. Nur große Fleischstücke werden vor dem Braten gesalzen und gepfeffert. Kleine Stücke würzst du erst nach dem Garen.

ANHANG

GRUNDREZEPTE

GEMÜSEBRÜHE

1 Möhre

2 Selleriestangen

¼ Knollensellerie

4 Zweige Rosmarin

½ Zwiebel

Olivenöl

2 l Wasser

Am Vortag das Gemüse putzen und wie auch den Rosmarin waschen und fein hacken. Die Zwiebel abziehen und hacken. Alles in einem großen Topf mit etwas Olivenöl andünsten, dann das Wasser zugießen. 2 Stunden köcheln lassen.

Topf vom Herd nehmen und über Nacht bei Zimmertemperatur stehen lassen. Am nächsten Tag Brühe durch ein Seihtuch abgießen. Vor der weiteren Verwendung erwärmen.

BLÄTTERTEIG

125 g plus 250 g Butter

500 g Mehl

12 g Salz

220 ml kalte Vollmilch oder Wasser

125 g Butter in kleine Stücke schneiden und in die Schüssel der Küchenmaschine geben. Den Knethaken einsetzen. Mehl und Salz hinzufügen und vorsichtig vermischen. Bei laufendem Motor langsam die Milch zugeben und alles zu einem glatten Teig verkneten. Zu einer Kugel formen, in Frischhaltefolie wickeln und 2 Stunden im Kühlschrank ruhen lassen. Danach den Teig mit einem Nudelholz zu einem 1 cm dicken Quadrat ausrollen. Die 250 g Butter zwischen 2 Blättern Backpapier zu einem kleineren Quadrat ausrollen und in die Mitte des Teigquadrats legen. Die Teigränder wie einen Briefumschlag über die Butter falten. Nun das Quadrat zu einem Rechteck ausrollen, das dreimal so lang wie breit ist. Das Rechteck zweimal falten und wieder zu einem Rechteck ausrollen, das dreimal so lang wie breit ist. Damit ist der erste Faltvorgang abgeschlossen. Den Teig 2 Stunden in den Kühlschrank legen, dann herausnehmen und wie oben beschrieben falten und ausrollen. Insgesamt 6 Faltvorgänge durchführen und den Teig zwischendurch jeweils 2 Stunden kühlen.

PITABROT

10 g Bierhefe (alternativ frische Hefe)

1 Prise Zucker

300 ml lauwarmes Wasser

500 g Mehl (Type 00 oder 550)

2 TL Salz

Hefe, Zucker und Wasser in einer Schüssel verrühren, bis sich die Hefe aufgelöst hat. Das Mehl mit dem Salz in einer Schüssel mischen und in die Mitte eine Vertiefung drücken. ⅓ des Wassers hineingießen und mit den Händen untermengen. Das restliche Wasser in 2 Portionen zufügen und jeweils einarbeiten. Kneten, bis ein homogener Teig entsteht. Alternativ kannst du alle Zutaten mit dem Knethaken der Küchenmaschine 10 Minuten auf Stufe 2 kneten. Teig mit einem trockenen Tuch abdecken und 1 Stunde an einem warmen Ort ruhen lassen. Weiterverarbeiten wie auf Seite 43 beschrieben.

BÉCHAMELSAUCE

100 g Butter

100 g Mehl

1 l Milch

1 Prise gem. Muskatnuss

Die Butter in einem Topf zerlassen. Das Mehl zufügen und unter Rühren hell anschwitzen. Die Milch separat in einem Topf erhitzen und langsam bei geringer bis mittlerer Hitze in die Mehlschwitze einrühren, bis die richtige Konsistenz erreicht ist. Mit Muskatnuss abschmecken.

TOMATENSAUCE

200 g Tomaten (oder Kirschtomaten)

30 g Möhre

30 g Sellerie

30 g Zwiebel

20 ml Olivenöl

5 Blätter Basilikum

1 Prise Zucker

Salz und Pfeffer

Die Tomaten am Stielansatz kreuzweise einritzen, 30 Sekunden in eine Schüssel mit kochendem Wasser legen und danach sofort in einer Schüssel mit Eiswasser abschrecken. Die Tomaten häuten und vierteln. Das restliche Gemüse putzen, waschen oder schälen und in kleine Würfel schneiden. Olivenöl in einem Topf erhitzen und Gemüse darin anbraten. Die Tomaten zugeben, mit einer Gabel etwas zerdrücken, das Basilikum hinzufügen und mindestens 30 Minuten köcheln lassen. Sauce mit einem Stabmixer pürieren, mit Zucker, Salz und Pfeffer abschmecken.

CORDOLI

DIE KAPITEL IM ÜBERBLICK

KAPITEL 1
STREETFOOD

KAPITEL 2
VORSPEISEN UND SCHNELLE GERICHTE

KAPITEL 3
BERÜHMTE KLASSIKER

KAPITEL 4
MEDITERRANE SALATE

KAPITEL 5
UNBEDINGT PROBIEREN

KAPITEL 6
GROSSMUTTERS REZEPTE

KAPITEL 7
FÜR BESONDERE ANLÄSSE

ALPHABETISCHES VERZEICHNIS DER REZEPTE

REGISTER NACH REZEPTTYPEN

SAUCEN UND DIPS

BROTE MIT UND OHNE BELAG

PIZZA UND HERZHAFTE TARTES

PASTA, REIS UND GRIESS

SALATE

SUPPEN

GEMÜSE

FISCH UND MEERESFRÜCHTE

FLEISCH UND GEFLÜGEL

DESSERTS UND GEBÄCK

GETRÄNKE

REGISTER DER ZUTATEN

L

M

O

P

Q – R

S

T

V – W

Z

DENNY IMBROISIS EMPFEHLUNGEN

RESTAURANTS IN FRANKREICH

MALRO
7 rue Froissart, 75003 Paris

BAGNARD
56 rue de Saintonge, 75003 Paris

MIZNON
22 rue des Ecouffes, 75004 Paris

BAZURTO
5 rue de l'Ancienne-Comédie, 75006 Paris

EPOCA
17 rue Oudinot, 75007 Paris

MAGNÄ STREET FOOD
48 rue Notre-Dame-de-Lorette, 75009 Paris

GUILLAUME GRASSO LA VERA PIZZA NAPOLETANA
45 rue Brancion, 75015 Paris

QUINDICI ET IL VOLO ROOFTOP
257 rue de Vaugirard, 75015 Paris

IDA
117 rue de Vaugirard, 75015 Paris

BOULOM
181 rue Ordener, 75018 Paris
Auch wenn er nicht vom Mittelmeer stammt, sondern vom Ozean, gehört unser Julien doch auf jeden Fall zu uns!

YAYA SECRÉTAN
33 avenue Secrétan, 75019 Paris

LA PASSERELLE
172 quai de Stalingrad, 92130 Issy-les-Moulineaux

UNE TABLE AU SUD
2 quai du Port, 13002 Marseille

LES ROCHES BRUNES
15 route de Port-Vendres, 66190 Collioure

UND ANDERSWO

TALLA RESTAURANT
Riba Pitxot, 18, 17488 Cadaqués, Girona, Spanien

COMPARTIR RESTAURANT
Riera de Sant Vicenç, s/n,
17488 Cadaqués, Girona, Spanien

BÉNS D'AVALL RESTAURANT
Carretera de Deyá, km 56,
07100 Sóller, Balearen, Spanien

RESTAURANTE PACO GANDÍA
Calle San Francisco, 2,
03650 Pinoso, Alicante, Spanien

POPINA
Ahad Ha'Am St 3, Tel Aviv-Yafo, Israel

THE EUCALYPTUS
Felt St 14, Jerusalem, Israel

IL BUCANIERE
Viale Guglielmo Marconi, 22,
57027 San Vincenzo LI, Italien

LA MASARDONA
Via Giulio Cesare Capaccio, 27,
80142 Napoli NA, Italien

TORRE DEL SARACINO RISTORANTE
Via Torretta, 9, 80069 Vico Equense NA, Italien

RISTORANTE LA MADIA
Corso Filippo Re Capriata, 22,
92027 Licata AG, Italien

BROS ANGELOU CHOULIARA O. E.
Nedontos 61, Kalamata 241 00, Griechenland

KASTRAKI-METEORO
Verga, Kalamata 241 00, Griechenland

GJELINA IN LOS ANGELES
1429 Abbot Kinney Blvd., Venice, CA 90291,
Vereinigte Staaten

GESCHÄFTE UND MÄRKTE

MARCHÉ DU PRÉSIDENT WILSON
mittwochs und samstavormittags
11 avenue du Président-Wilson, 75116 Paris

ÈPICERIE RAP
4 rue Fléchier, 75009 Paris

MAMMAFIORE
Für alle meine italienischen Zutaten
mammafiore.fr

KALIOS
Für das Beste aus Griechenland
und tolle Olivenöle
mykalios.com

LA TÊTE DANS LES OLIVES
Für mein Lieblingsolivenöl
cedriccasanova.com
2 rue Sainte-Marthe, 75010 Paris

PASTA GAROFALO
Für die besten Nudeln
www.pasta-garofalo.com

GRANA PADANO
Mein Lieblingskäse

LAVAZZA
Für wunderbaren Kaffee!

DANK

Ich möchte mich bei allen bedanken, die dazu beigetragen haben, dass dieses Buch so schön geworden ist.

Allen voran danke ich meiner lieben Fotografin Rina Nurra, die meine kulinarischen und redaktionellen Abenteuer bereits zum dritten Mal begleitet hat. Danke für deine Zeit, deine Energie und deine gute Laune.

Grazie an Jessica Rostain von Webedia Books für ihre Strenge und Geduld.

Vielen Dank an Cédric Siré und Aurore Charoy für ihr erneutes Vertrauen.

Merci an Anaïs Delon, meinen Schutzengel, der mir bei all meinen Projekten immer zur Seite steht. Ihr danke ich auch für die Texte.

Danke an Angelo Gjika und Antoine Comoretto, meine beiden Küchenhilfen, ohne die dieses Buch nicht möglich gewesen wäre.

Ein herzliches Dankeschön an meine Superköche Giuseppe und Francisco und auch an Valério und Felipe.

Vielen Dank an Axel Baiot und Arnaud, die uns das Fotoshooting im »Malro« ermöglicht haben.

Meinem Geschäftspartner Micaël Memmi, den ich sehr schätze, danke ich für seine Familienrezepte. Ein großes Dankeschön auch an Franck.

Meinem guten Freund Oren Marco danke ich für sein Vertrauen.

Danke an meinen Fratello Juan Arbelaez für seine Lebhaftigkeit und seine griechischen Rezepte ;) Danke an Yoni Saada, den ich sehr schätze und dessen mediterrane Küche mich immer wieder inspiriert. Ein besonderer Dank geht an Julien Duboué, der mir mit seiner Kompetenz und Erfahrung immer gute Ratschläge gibt. Vielen Dank an das Studio HelloÉlo für das farbenfrohe, lebendige Layout. Ich hoffe, es gefällt dir genauso gut wie mir.

Vielen Dank an Les Roches Brunes, Isabelle und Elsa für ihren Empfang sowie an Sophie Dupuis-Gaulier für ihre wunderbaren Gerichte.

Ein herzliches Dankeschön an Hamid und Mickaël Meziane vom Restaurant »La Passerelle« für ihre Ratschläge und ihre gemeinsame Vision vom Mittelmeer.

Ausdrücklich möchte ich all den Menschen danken, die uns in Italien, in Spanien und überall, wo wir hinkamen, so freundlich aufgenommen haben. Ich denke dabei vor allem an Alba Pezone und das Team von »La Masardona«. Danke an meine Familie in Kalabrien für ihre Gastfreundschaft. Anna-Laura, Maura und Ricky dafür, dass sie uns in ihrem Haus empfangen haben, dass sie uns auf eine Bootsfahrt auf dem Kalabrischen Meer mitgenommen haben … so viele schöne Erinnerungen! GRAZIE!

Ich danke Mauro Colagreco, dass er sich die Zeit genommen hat, ein so schönes Vorwort für mich zu schreiben.

Außerdem möchte ich meinen langjährigen Partnern danken: Grana Padano g. U., BWM Paris, Lavazza, Champagne Laurent-Perrier, Pasta Garofalo Ristorante, Rovagnati, Mammafiore und meinem lieben Cedric Casanova.

Schließlich möchte ich meiner lieben Silvia für ihre Liebe und Geduld in jedem Augenblick unseres Lebens danken.

DENNY

Bibliografische Information der Deutschen Nationalbibliothek
Die Deutsche Nationalbibliothek verzeichnet diese Publikation in der Deutschen Nationalbibliografie. Detaillierte bibliografische Daten sind im Internet über http://dnb.d-nb.de abrufbar.

Für Fragen und Anregungen
info@rivaverlag.de

Wichtiger Hinweis
Ausschließlich zum Zweck der besseren Lesbarkeit wurde auf eine genderspezifische Schreibweise sowie eine Mehrfachbezeichnung verzichtet. Alle personenbezogenen Bezeichnungen sind somit geschlechtsneutral zu verstehen.

1. Auflage 2022

Türkenstraße 89
80799 München
Tel.: 089 651285-0
Fax: 089 652096

Die französische Originalausgabe erschien 2021 bei Webedia Books unter dem Titel *Une Table au soleil*.

Übersetzung: Wiebke Krabbe
Redaktion: Caroline Kazianka
Umschlaggestaltung: Pamela Machleidt
Umschlagabbildung und Abbildungen im Innenteil: Rina Nurra
Texte: Anaïs Delon
Layout: Élodie Chaillous – Studio HelloÉlo
Satz: feschart print- und webdesign, Michaela Röhler, Leopoldshöhe
Druck: Firmengruppe APPL, aprinta Druck, Wemding
Printed in Germany

ISBN Print 978-3-7423-2010-0
ISBN E-Book (PDF) 978-3-7453-1758-9
ISBN E-Book (EPUB, Mobi) 978-3-7453-1759-6